꿈의 회복

하나님이 주신 꿈대로 살아라
꿈의 회복

초판발행 2014년 4월 25일
지은이 옥성석
펴낸이 장병주
펴낸곳 예책
등록번호 제 2013-000236 호
주소 서울시 서초구 서초동 1628-62 거송빌딩 205호
영업부 02-3489-4300
출판부 02-6401-2657
FAX 02-3489-4309

책 값은 뒤표지에 있습니다.
ISBN 978-89-98300-06-7 03230
편집부에서 독자의 의견을 기다립니다.
21cbooks@naver.com

하나님이 주신 꿈대로 살아라
꿈의 회복

옥성석 지음

예책
Jesus'books

서문

'꿈의 회복'을 꿈꾸며

최근 마케팅 분야에서 주목을 받고 있는 《이카루스 이야기》(한국경제신문사, 2014)의 저자 세스 고딘(Seth Godin)은 출간에 즈음한 인터뷰에서 이런 멋진 조언을 던집니다.

"우리가 두려움을 없앨 수는 없다. 우리 삶의 포인트는 '두려움'이다. 그 어떤 것도 두려움 없이 창작될 수 없다. 그러므로 당신은 두려움과 함께 춤을 추어야 한다. 두려움은 우리가 삶을 영위해 나가는 과정의 일부분이 되어야 한다. 그러니 두려움을 없애려고 궁리할 것이 아니라, 두려움과 친구가 되는 법을 고민해야 한다. '네가 두려움이니? 환영해. 내 곁에 있어 줘서 고마워. 우리 함께 춤을 추자'고 말할 수 있어야 한다."

"두려움과 함께 춤을 추자." 정말 멋진 말의 성찬(聖餐)이요, 신선한 충고입니다. 누구나 그렇게 하고 싶습니다. 그런데 오늘의 현실은 어떠합니까?

43.6! 이게 도대체 뭘 뜻하는지 아십니까?
지난 한 해 우리나라의 하루 평균 자살자 수치입니다. 이는 우리나라 인구 10만 명당 33.5명에 해당하는 것으로, OECD 국가 중 자살률 1위라는 불명예 선두를 13년째 지키고 있습니다. 그중에 젊은층은 더욱 심각합니다. 연령대별로 보면 십대부터 삼십대까지 가장 왕성하게 활동해야 할 시기에 사망 원인의 1위가 자살입니다. 특히 십대 사망자 중 절반과 삼십대 사망자의 40퍼센트가 자살로 목숨을 끊었습니다. 사망 원인 순위를 봐도 자살이 전년 8위에서 4위로 껑충 뛰었습니다. 이렇게 젊은이들 사이에 자살이라는 무서운 바이러스가 마치 전염병처럼 광범위하게 번지고 있습니다. 여기에 이젠 남성과 노인들까지도 가세하면서 10년 전과 비교하면 119.9퍼센트로 자살 증가세가 가파르게 올라가고 있습니다.

자살을 한 번도 생각해 보지 않은 사람이 있을까요? 삶이 송두리째 흔들릴 때, 그래서 삶의 무게에 지탱할 수 없을 정도로 짓눌린다고 생각할 때 '이제 그만 끈을 놓아 버리고 싶다'는 생각이 들어왔다 나갔다 합니다. 한림대 의대에서는 자살을 심각하게 고민한 적이 있는 '자살 예비군(群)'이 637만 명, 자살을 직접 시도해 본 소위 '자살 고위험군'이 무려 30만 명에 이른다고 발표한 바 있습니다. 모진 게 목숨이라고 했는데 이 모진 목숨을 제 손으로 끊는 야속한 인생이 이렇게 많아졌습니다. 자살의 표면적인 원인을 관계의 문제, 스트레스, 우울증, 물질 등에서 찾고 있습니다. 그 중 가장 큰 비중을 차지하는 것은 생활고, 즉 경제적 이유임이 밝혀지고 있습니다. 하지만 그게 정말 진짜 원인일까요? 동의하지 않습니다. 왜냐하면 지난 날 이보다 더 힘들고 어려웠을 때에도 이렇게 쉽게 목숨을 끊지 않았기 때문입니다. 그러면 진짜 원인은 뭘까요?

몇 해 전 중국의 유명 배우 장국영이 자신의 아파트 14층에서 뛰어내렸습니다. 그가 남긴 유서에는 이런 말이 있습니다. "사는 게 의미 있는가? 말해 보라. 네 자신을 속여서라도….." 죽음 앞에서의 절박감에 숙연해집니다. 미국의 가장 권위 있는 기독교 상담가인 노먼 라이트(H. Norman Wright)는 누구라도 고통이 커지면 육체적, 감정적 무질서에 빠지기 마련이라고 말한 바 있습니다. 그렇습니다. 삶의 의미를 찾지 못하면, 더 이상 살 이유가 없습니다. 그 사람은 육체적 정신적 무질서에서 헤어나지 못합니다. 이런 사람의 다음 행보는 뻔합니다. 하지만 삶의 의미가 분명하다면, 그는 절대로 흔들리지 않습니다. 어떤 경우에라도 말입니다.

그렇다면 이 '삶의 의미'가 무엇일까요?

다니엘서를 들여다보기 시작했습니다. 다니엘과 그의 친구들, 이들은 청소년들이었습니다. 그중에 다니엘은 주전 621년생, 그가 주전 605년에 바벨론으로 끌려갔으니 그때 겨우 열여섯이었습니다. 그의 세 친구들도 비슷한 연령대였을 것입니다. 스무 살도 채 되지 아니한 이 소년들 앞에 엄청난 일이 벌어졌습니다. 조국은 망했고, 성벽과 성전은 불타 허물어지고, 한순간에 포로가 되어 고아 아닌 고아로 전락했습니다. 3년 과정의 바벨론화(化) 세뇌 교육을 철저히 받아야만 했습니다. 그 과정에서 '왕인가, 주인가?' '벨드사살인가, 다니엘인가?' '육식인가, 채식인가?'를 선택해야 하는 기로에 섰습니다. 그때 저들은 과감히 느부갓네살이 아닌, 주(主)를 선택합니다. 벨드사살이란 이름을 거부하고 다니엘을 고집합니다. 육식이 아닌 채식을 더 선호하기로 결단합니다. 두라 평지에 높게 세워진 금신상과 칠 배나 더 뜨거운 불 앞에서도 '그리 아니하실지라도' 하며 '꼿꼿장수'를 고집했습니다. '어인'(御印)이 찍힌 금령이 내린 줄 알면서도, 굶주린 사자 굴조차 개의치 아니하고 하루에 세 번씩 예루살렘으로 향한 창문을 활짝 열어놓고 '감사' 기도를 했습니다. 대제국 바벨론 심장부에서 말입니다.

무엇이 다니엘을 다니엘 되게 했을까요?
그가 붙잡은 '삶의 의미'는 도대체 무엇이었을까요? 그 어떤 상황에서도 흔들림 없이 주어진 길을 당당하게 걸어가게 했던 그 단 '하나'는 무엇이었을까요? '꿈'입니다. 하나님이 그의 가슴속에 넣어 주셨던 '꿈'입니다. 그에게 있어서 '꿈'이 곧 '삶의 의미요, 이유'가 되었던 것입니다. 그래서 온통 꿈, 이상으로 가득한 다니엘서를 주목하게 된 것입니다.

이 책에는 꿈을 잃어버린 느부갓네살과 꿈을 간직한 다니엘이 동시에 등장합니다. 이어서 꿈을 빼앗으려는 존재와 그 꿈을 회복시켜주시는 존재가 대비되어 나타납니다. 느부갓네살로 대표되는 악한 사탄, 흑암의 세력은 하나님이 다니엘에게 주신 꿈을 빼앗아가려고 수단과 방법을 가리지 않습니다. 꿈을 빼앗으면 '삶의 의미'마저 함께 빼앗을 수 있기 때문입니다. '삶의 의미'를 빼앗기는 순간, 그 결과가 어떻게 될까요? 그래서 '꿈의 회복'(Recovery of dream)입니다.

이 책은 오늘 이 시대, '삶의 의미' 아니, '꿈'을 잃어버린 현대인들의 '꿈의 회복'을 꿈꾸며 꿈의 메시지를 묶은 것입니다. 충정강단을 뚫어지게 응시하면서 눈가를 촉촉이 적신 교우들과 "말씀을 통해서 내 꿈을 회복했습니다. 많은 사람들도 꿈을 회복했으면 좋겠습니다"라고 말해 준 한 형제의 격려가 책을 출간하게 된 계기가 되었습니다. 모쪼록 이 꿈을 회복하는 기적이 책을 펴든 모든 독자들에게 예외 없이 나타나기를 기대합니다.

예책의 장병주 대표와 김민규 목사의 노고를 기억합니다. 거친 원고를 편히 읽을 수 있도록 교정에서부터 출판에 이르기까지 세심한 배려를 아끼지 않았습니다. '충정'의 여러 교우들께도 지면을 통해 다시 한 번 감사한 마음을 전하고 싶습니다. 지난 25년 동안 변함없는 사랑과 격려가 있었기에 여기까지 달려올 수 있었습니다. 끝으로 삼십 수년 동안 드러나지 않는 낮은 곳에서 영적 분별력과 기도로 내조해 준 아내와 주리 부부, 아들 찬영이에게 감사의 마음을 전합니다.

'꿈의 회복'을 꿈꾸며
2014 부활절에

옥 성 석

contents

서문 '꿈의 회복'을 꿈꾸며 4

chapter 1 다니엘의 세 가지 선택

1 왕(王)인가, 주(主)인가? 단 1:1–7 14
2 벨드사살인가, 다니엘인가? 단 1:6–7 24
3 육식인가, 채식인가? 단 1:8–16 30
4 시험 후에 찾아온 선물 단 1:8–21 38

chapter 2 '이에'에서 '이에'로 연결된 축복

5 잊혀진 꿈, 다시 되살리라 단 2:1–13 54
6 '이에'에는 '이에'로 답하신다 단 2:14–18 67
7 '이에' 이후에 또 '이에' 하라 단 2:19–25 80
8 또 '이에' 하면 하나님도 '이에'로 응답하신다 단 2:46–49 93

chapter 3 타협을 거절하는 참된 신앙

9 그렇게 높아지고 싶더냐? 단 3:1-7   112
10 "일 없습니다" 단 3:13-18   126
11 그런 친구들이 있는가? 단 3:19-27   141
12 세 겹 줄, 그 현장의 또 한 사람 단 3:19-26   157

chapter 4 하나님을 거역한 자들의 최후

13 기회, 언제나 그곳에 있다 단 4:27-33   176
14 '그 날' 그리고 '그 날 밤' 단 5:1-6, 30-31   188
15 기도하는 자와 맞서지 말라 단 6:1-9   199

chapter 5 꿈을 회복하시는 하나님

16 빼앗긴 꿈, 회복되리라 단 7:21-28   216
17 나, 다니엘이다 단 8:1-8   229
18 삶이 답답할 때 단 9:1-10   242
19 다니엘, 메시아를 만나다 단 10:1-9   256
20 끝날, 네 몫을 누릴 것이라 단 12:1-4, 9-13   269

다니엘이 큰 태풍 앞에 섰습니다. "왕인가, 주인가? 벨드사살인가, 다니엘인가? 육식인가, 채식인가?" 세 개의 태풍을 연속적으로 맞았습니다.

chapter 1

다니엘의
세 가지 선택

하지만 그 상황에서 그는 쓰러지거나 좌절하지 않았습니다. 당당하게 맞섰습니다. 다니엘은 주를 택했습니다.

다니엘 1:1-7

1
왕(王)인가, 주(主)인가?

다니엘과 그 친구들은 보이는 '왕'과 보이지 않는 '주'를
선택해야 하는 순간에 과감히 주를 선택했습니다.

행복의 조건

일찍부터 옛 현인들은 행복한 사람은 '사이가 좋은 사람'이라고 생각했습니다. 그렇다면 무엇과 사이가 좋은 사람을 행복한 사람이라고 할까요? 첫째는 세월과 사이가 좋은 사람, 둘째는 사는 곳과 사이가 좋은 사람, 셋째는 사람들과 사이가 좋은 사람입니다. 그래서 이 세 단어에 사이 간(間) 자를 붙여서 시간(時間), 공간(空間), 인간(人間)이라는 말이 만들어졌습니다. 꽤 일리가 있는 말입니다. 또한 성경적이기도 합니다.

사무엘이 돌을 취하여 미스바와 센 사이에 세워 이르되 여호와께서

여기까지 우리를 도우셨다 하고 그 이름을 에벤에셀이라 하니라. 삼상 7:12

여호와는 나의 산업과 나의 잔의 소득이시니 나의 분깃을 지키시나이다 내게 줄로 재어 준 구역은 아름다운 곳에 있음이여 나의 기업이 실로 아름답도다. 시 16:5-6

보라 형제가 연합하여 동거함이 어찌 그리 선하고 아름다운고. 시 133:1

그런데 과연 이 세 가지와 사이만 좋으면 행복한 사람이 될까요?

곧 우리가 원수 되었을 때에 그의 아들의 죽으심으로 말미암아 하나님과 화목하게 되었은즉 화목하게 된 자로서는 더욱 그의 살아나심으로 말미암아 구원을 받을 것이니라. 롬 5:10

우리가 행복해지려면 먼저 하나님과의 관계를 풀어야 합니다. 하나님은 우리와 화해하려고 죄 없는 예수님을 십자가에 달려 돌아가시게 하셨습니다. 화해하는 그 자리에 은혜와 진정한 행복이 있습니다. 하나님과 화해해야 우리는 진정한 지혜자가 될 수 있습니다.

하나님이 주시는 지혜의 책

사람들은 다니엘서를 예언서, 혹은 묵시서라고 합니다. 물론 예언적인 성격과 묵시적인 성격이 다분히 녹아 있는 책입니다. 하지만 예언서나 묵시서라고 하면 난해하고 어렵게 느껴집니다. 이사야와 예레미야, 에스겔은 대표적인 예언서입니다. 요한계시록은 대표적인 묵시서입니다. 사람들은 이런 책들을 쉽게 펼치거나 가까이하지 않습니다.

강단에서도 설교자가 이런 성경을 본문으로 메시지를 전하는 것을 부담스럽게 생각합니다. 그 이유는 설령 신학을 전공했다 할지라도 자칫 잘못하면 본문을 곡해할 우려가 있기 때문입니다.

다니엘서의 전체 흐름은 하나님이 꿈이나 이상을 통해 알려 주시는 바를 깨닫는, 즉 지혜가 그 중심 뼈대를 이루고 있습니다. 이 지혜는 사람에게서 비롯되는 것이 아니라 하나님께서 주시는 것입니다. 다니엘이 머물고 있는 삶의 현장에서 말입니다. 이 지혜를 가지면 시행착오를 하지 않습니다. 내일 일어날 일을 예견할 수 있습니다. 허둥대거나 불안해하지 않습니다. 오히려 문제 앞에서 당당할 수 있습니다. 다니엘과 그 친구들 역시 그러했습니다.

이렇게 볼 때 다니엘서는 예언과 묵시의 요소도 있지만 그것보다는 지혜를 논한 책이라고 할 수 있습니다. 이 책을 지혜서로 보면 전혀 다른 느낌으로 다가옵니다.

그러면 이 지혜는 어떤 자에게 임했을까요? 무엇보다 기도하는 자에게 임했습니다. 함께 기도하는 자들에게 임했습니다. 집중적으로,

함께 기도하면서 하나님 앞에 나아가는 자들에게 이 지혜가 임합니다.

세상의 지배자, 느부갓네살

다니엘서를 집중적으로 조명하려면 먼저 그 배경을 살펴볼 필요가 있습니다. 다니엘서는 이렇게 시작합니다.

> 유다 왕 여호야김이 다스린 지 삼 년이 되는 해에 바벨론 왕 느부갓네살이 예루살렘에 이르러 성을 에워쌌더니. 단 1:1

당시 상황은 이미 북쪽 이스라엘이 앗수르에 망해 버렸고 남쪽 유다만 겨우 국가로서의 명맥을 이어가고 있었습니다. 그런데 주전 606년경, 이집트 군을 대파한 바벨론의 왕 느부갓네살이 이집트 쪽에 기울어져 있던 유다와 팔레스타인 정복에 나서서 수도 예루살렘을 포위했습니다. 이때 그들은 하나님의 성전에서 사용하던 그릇들을 탈취해서 자신들의 술잔으로 사용했습니다(단 5:2).

그리고 유능한 젊은이들을 몇 차례에 걸쳐 포로로 끌고 갔습니다(단 1:4). 이때 유다 왕은 여호야김(단 1:1)과 여호야긴(겔 1:2), 시드기야였습니다. 특히 마지막 왕인 시드기야는 야밤에 성벽을 넘어 도망했으나 바벨론군에 붙잡혀 느부갓네살 앞으로 끌려갔습니다. 시드기야는 아들들이 모두 사형을 당하는 모습을 지켜보아야 했습니다. 그리고

1 왕(王)인가, 주(主)인가? 17

자신은 두 눈이 뽑힌 채로 바벨론으로 끌려갔습니다. 이제 남유다는 완전히 망했습니다(왕하 25:1-21; 렘 52:9-11).

이때 끌려간 젊은이들 중에 다니엘과 그의 친구들이 있었습니다. 그리고 얼마 후 예루살렘이 완전히 함락되자 무려 10,000여 명이 바벨론으로 끌려 갔는데, 그때 대표적인 사람이 에스겔 같은 젊은이들입니다(겔 1:1).

이런 일을 진두지휘한 바벨론 왕 느부갓네살은 그야말로 대단한 왕이었습니다. 그는 주전 616년에 이스라엘을 함락시킨 앗수르의 수도를 향하여 진격했고, 이집트와 연합한 앗수르 수도 앗술을 함락시켜 버렸습니다. 그리고 당시 그 유명한 니느웨까지 집어삼켰습니다. 그 여세를 몰아 유프라테스 강 기슭의 갈그미스까지 진군한 이집트 군을 초토화시켜 버렸습니다. 그때가 주전 609년이었습니다(대하 35:20; 왕하 23:29). 앗수르와 이집트를 위시하여 유다와 팔레스타인까지 정복하여 대제국을 건설한 느부갓네살은 진정한 중동의 패자(覇者)였습니다. 그는 우쭐했습니다. 자기 자신을 신(神)이라고 생각했습니다.

급기야 느부갓네살은 자신을 상징하는 어마어마하게 큰 금 신상을 두라 평지에 높이 세웁니다(단 3장). 자기 자신을 우상화한 것입니다(단 2:31). 그리고 그 앞에 온 백성이 엎드려 경배하게 했습니다. 느부갓네살은 여기서 그치지 않고 두고두고 자신의 업적을 기리기 위한 대형 프로젝트를 진행했습니다. 그것이 바로 '그발 프로젝트'입니다.

> 서른째 해 넷째 달 초닷새에 내가 그발 강 가 사로잡힌 자 중에 있을 때에 하늘이 열리며 하나님의 모습이 내게 보이니 여호야긴 왕이 사로잡힌 지 오 년 그 달 초닷새라 갈대아 땅 그발 강 가에서 여호와의 말씀이 부시의 아들 제사장 나 에스겔에게 특별히 임하고 여호와의 권능이 내 위에 있으니라. 겔 1:1-3

느부갓네살은 유프라테스 강과 티그리스 강을 잇는 거대한 운하를 건설하도록 했습니다. 그 거대한 축조물로 자신의 업적을 기리고 칭송하게 하려 했습니다. 에스겔 청년은 스물다섯 살의 나이에 이곳에 끌려가 죽도록 고생을 했습니다. 에스겔뿐만 아니라 1만여 명의 젊은 이들이 이곳에 끌려가 짐승처럼 일했습니다. 오직 한 사람, 느부갓네살을 위해서 말입니다. 누가 감히 이 느부갓네살을 거스를 수 있었겠습니까. 그는 온 백성의 눈에 보이는 신, 그 자체였습니다.

왕(王)과 주(主) 사이에서

그런데 2절을 보십시오. 다니엘은 눈앞에 보이는 거대한 왕, 느부갓네살이 아닌 다른 한 분에 주목하고 있습니다. 그분을 감지하고 있습니다. 누구입니까? '주께서'라는 이 단어가 다니엘서의 키워드입니다. 느부갓네살 왕과 대칭되는 또 한 분, 그분이 계셨습니다. 다니엘서 1장에는 왕(王)과 주(主)가 서로 엎치락뒤치락 등장합니다.

"바벨론 왕 느부갓네살이"(1절), "주께서"(2절), "왕이"(3절), "또 왕이"(5절), "하나님이"(9절), "내 주 왕"(10절), "하나님이"(17절), "왕이"(18절), "왕이"(19절), "왕이"(20절).

왕이라 지칭되는 쪽은 육신의 눈에 보입니다. 어마어마한 힘과 권력을 행사하고 있습니다. 그가 온 세계를 지배하고 있는 듯합니다. 반면에 주라 지칭되는 쪽은 드러나지도, 보이지도 않습니다. 소리조차 없습니다. 가만히 보니 자기 백성조차도 지키지 못하는 연약한 신이 틀림없어 보입니다. 그런데 다니엘은 어느 쪽을 따릅니까? 어느 쪽을 섬기기로 결심합니까? 그는 무엇이라고 믿고 있습니까?

> 주께서 유다 왕 여호야김과 하나님의 전 그릇 얼마를 그의 손에 넘기시매 그가 그것을 가지고 시날 땅 자기 신들의 신전에 가져다가 그 신들의 보물 창고에 두었더라. 단 1:2

다니엘은 세상사 모든 것을 주관하시는 분이 누구라고 믿고 있습니까? "주께서…그의 손에 넘기시매"라는 구절에서 알 수 있듯이 그는 모든 것이 하나님의 장중(掌中)에 있음을 확신하고 있습니다. 눈앞에 펼쳐지는 사건들은 분명 이스라엘 백성에게는 슬프고 수치스러운 일입니다. 대단한 비극입니다. 하지만 그 일이 일어난 것은 느부갓네살이 대단해서가 아니라, 주께서 허락하셨기에 일어난 것입니다. 느부갓네살도 결국 하나님의 손 안에 있는 연약한 존재에 불과합니다. 이

것이 다니엘이 가졌던 믿음입니다.

따라서 다니엘서의 중심 주제는 예언도 묵시도 아닙니다. 하나님의 주권입니다. 저명한 신학자, 글리슨 아처도 다니엘서의 주제를 '하나님의 주권'으로 보았습니다. 그렇습니다. 다니엘서의 핵심 주제는 '하나님이 완전한 역사의 진정한 주인이시다'라는 것입니다.

하나님은 창조주이면서 섭리주이십니다. 세상의 그 어떤 권력자나 권세자도 하나님의 주권을 넘어서거나 침해할 수 없습니다. 그들도 다 하나님이 쓰시는 도구에 불과합니다. 느부갓네살 왕도 겉으로 볼 때는 대단한 것처럼 보이나 하나님이 범죄한 이스라엘을 징계하시는 도구로 잠시 쓰임 받고 있을 뿐입니다. 잠시 방망이로 사용되었던 느부갓네살의 결과는 어떠했는지 보십시오.

> 왕이 사람에게서 쫓겨나서 들짐승과 함께 살며 소처럼 풀을 먹으며 하늘 이슬에 젖을 것이요 이와 같이 일곱 때를 지낼 것이라 그 때에 지극히 높으신 이가 사람의 나라를 다스리시며 자기의 뜻대로 그것을 누구에게든지 주시는 줄을 아시리이다. 단 4:25

다니엘과 그 친구들은 보이는 '왕'과 보이지 않는 '주'를 선택해야 하는 순간에 과감히 주를 선택했습니다. 다니엘과 그의 친구들이 두라 평지에 세워진 신상에 절하지 않은 이유가 무엇이었을까요? 일곱 배나 뜨거운 불이 혀를 날름대고 있는데도 "그렇게 하지 아니하실지라도"(단 3:18)를 외칠 수 있었던 그 힘이 도대체 어디에서 나왔을까요?

느부갓네살 왕이 아닌 다른 신에게 기도하면 사자굴 속에 들어간다는 사실을 누구보다 잘 알면서도 다니엘은 예루살렘을 향한 창을 활짝 열어 놓고, 전에 하던 대로 하나님께 기도했습니다. 그 용기는 도대체 어디서 나왔을까요? 다니엘은 보이는 왕보다 보이지 않는 주가 더 위대하신 분이시라는 사실을 믿었기 때문입니다.

> 하늘에서는 주 외에 누가 내게 있으리요 땅에서는 주 밖에 내가 사모할 이 없나이다 내 육체와 마음은 쇠약하나 하나님은 내 마음의 반석이시요 영원한 분깃이시라. 시 73:25-26

삶은 신앙과 불신앙의 전쟁터

한 신학자는 이렇게 말했습니다. "다니엘서의 주제는 실로 하나님의 백성이 신앙을 선택하느냐, 불신앙을 선택하느냐 하는 신앙과 불신앙과의 전쟁터다." 이런 일은 다니엘 시대에만 해당하지 않습니다. 오늘 우리가 머물고 있는 삶의 현장에서도 빈번합니다.

> 만일 여호와를 섬기는 것이 너희에게 좋지 않게 보이거든 너희 조상들이 강 저쪽에서 섬기던 신들이든지 또는 너희가 거주하는 땅에 있는 아모리 족속의 신들이든지 너희가 섬길 자를 오늘 택하라 오직 나

와 내 집은 여호와를 섬기겠노라 하니. 수 24:15

비록 지금 내 눈앞에서 도무지 이해할 수 없는, 받아들이기 힘든 사건이 펼쳐진다 해도 하나님을 바라보는 눈이 흐려져서는 안 됩니다. 원수가 갖가지 방법으로 나를 협박하며 괴롭히고 강요한다 할지라도, 하나님을 향한 믿음의 손을 내리지 말아야 합니다. 하나님은 주이십니다. 하나님은 영원한 주이십니다.

다니엘 1:6-7

2
벨드사살인가, 다니엘인가?

**이름은 매우 중요합니다. 이름은 그 사람의 정체성의 표현입니다.
늘 그렇게 불리다 보면 나도 모르게 그런 사람이 되기 때문입니다.**

    2012년 9월 3일, 안성에 위치한 사랑의교회 수양관에서 옥한흠 목사의 2주기 추도예배가 있었습니다. 평일인데다 2주기임에도 불구하고 홍정길, 이동원, 손인웅, 전병금 목사 등 교단을 초월한 많은 추모객이 모였습니다. 제주, 부산 등 전국에서 세대를 초월한 수많은 목회자들도 이곳을 찾았습니다. 사랑의교회의 많은 성도들과 200여 명의 찬양대와 오케스트라도 함께했습니다.

    이렇게 많은 사람이 고인(故人)을 추모하는 모습을 보면서 느낀 것이 있습니다. '보람된 삶을 살다가 하나님 품에 안기셨구나! 무엇보다 인간관계를 참 소중히 생각한 분이셨구나! 참 행복한 분이셨구나!' 과연 옥한흠 목사가 인간관계만 소중하게 생각했을까요? 그렇지 않습니다.

옥한흠 목사는 하나님과의 관계를 그 무엇보다 소중하게 생각했습니다. 그런 그였기에 떠난 후에도 많은 사람들이 그를 기억하며 추모하는 것이 아닐까요?

나는 어떠합니까? 나와 시간, 공간, 인간의 관계는 어떠합니까? 나도 언젠가 이 세상을 떠날 터인데, 그때 과연 어떤 일들이 전개될 것 같습니까?

이름을 따라가는 삶

옥한흠 목사는 평소에 자신의 이름을 이렇게 풀이했습니다. "나는 옥(玉)이라고 불리지만 사실은 한없이 흠(欠)이 많은 사람이다." 그의 이름은 한수 한(漢), 공경할 흠(欽)입니다. 흠모할 만한 남자가 되라는 좋은 뜻입니다. 하지만 자신은 하나님 앞에서 늘 약한 존재로 생각했습니다. 그래서인지 그는 언젠가부터 '은보'(恩步)라는 호를 친근하게 사용했습니다. 그가 제일 좋아하는 단어가 은혜, 하나님의 은혜였습니다(고전 15:10; 시 116:12). 이 은혜의 걸음을 걸어가며, 그 은혜를 보답하는 삶을 살아야겠다는 다짐이 그의 호에 절절히 녹아 있는 것 같습니다.

이같이 이름은 매우 중요합니다. 이름은 그 사람의 정체성을 표현합니다. 늘 그렇게 불리다 보면 나도 모르게 그런 사람이 되기 때문입니다. 그래서 다니엘과 그 친구들을 포로로 끌고 간 바벨론은 제일 먼저 그들의 이름을 억지로 바꾸어 버립니다. 마치 일제 강점기 때 우리 국민성을 말살하기 위해서 창씨개명(創氏改名)을 단행했던 것과 비슷합니다. 그들의 본명은 무엇입니까?

> 그들 가운데는 유다 자손 곧 다니엘과 하나냐와 미사엘과 아사랴가 있었더니 환관장이 그들의 이름을 고쳐 다니엘은 벨드사살이라 하고 하나냐는 사드락이라 하고 미사엘은 메삭이라 하고 아사랴는 아벳느고라 하였더라. 단 1:6-7

다니엘은 '하나님은 나의 심판자이시다', 하나냐는 '하나님과 같은 자 누구냐?', 미사엘은 '하나님은 은혜로우시다', 아사랴는 '하나님은 나의 도움이시다'라는 뜻의 이름입니다.

그 이름을 벨드사살, 사드락, 메삭, 아벳느고라고 바꾸어 버렸습니다. 벨드사살에서 '벨'은 이방신의 이름입니다. 벨드사살은 '벨의 아들', 즉 '이방신의 아들'이라는 뜻입니다. 사드락의 '락' 역시 이방신입니다. 사드락은 '이방신에게 배우라'는 뜻입니다. 메삭의 '삭크' 역시 이방신인데 정욕과 욕심의 신 이름입니다. 메삭은 '정욕과 욕망의 신이 최고다'라는 뜻입니다. 아벳느고의 '느고'는 저들이 섬기는 또 다른 우상 신인 달의 신 이름입니다. 아벳느고는 '너는 느고신의 종이다'라는 뜻입니다.

다니엘과 친구들의 본래 이름은 전부 하나님과 관련 있었습니다. 하나님을 드러내며 하나님을 높이는 이름들이었습니다. 그런데 바벨론이 저들에게 붙여 준 이름들은 한결같이 우상 신들과 관련이 있는 이름들이었습니다. 하나님을 떼어내고 그 자리에 우상 신을 갖다 붙였습니다. 하나님 대신 우상을 섬기라는 뜻입니다. '이제 너희들은 그런 운명이다'라는 것을 은근히 강조하는 것입니다.

'왕(王)인가, 주(主)인가?' 이 선택 앞에서 다니엘은 과감하게 주를 선택했습니다. 눈에 보이는 느부갓네살 왕은 참으로 대단한 왕이었습니다. 온 세계를 정복하고 신처럼 군림하는 자였습니다. 하지만 다니엘은 주를 선택했습니다(단 1:2). 주가 왕보다 더 위대하십니다. 왕도 주의 주권 아래 놓여 있다는 믿음을 다니엘은 하나님 앞에 보였습니다. 다니엘은 왕과의 관계보다 만유의 주, 하나님과의 관계를 선택했습니다.

하나님의 이름으로 불리는 사람

그러자 이번에는 다니엘에게 벨드사살과 다니엘이라는 이름 중 하나를 선택해야 하는 시험이 닥쳤습니다. 우상 신의 아들이 되어 그를 섬기고 높일 것인지, 아니면 하나님을 높이고 섬길 것인지, 이 선택 앞에서 다니엘과 그의 친구들은 어느 쪽을 선택했습니까? 그 상황에서 어떻게 대처했습니까?

다니엘서를 자세히 보면, 자신들의 이름이 정복자에 의해 바뀌기는 했지만, 그래서 그렇게 불리기는 했지만 그들은 그 사실을 인정하거나 받아들이지 않은 것을 알 수 있습니다(단 1:17, 4:19). 개명되고 난 뒤에도 그들은 서로를 어떻게 불렀습니까?

> 이에 다니엘이 자기 집으로 돌아가서 그 친구 하나냐와 미사엘과 아사랴에게 그 일을 알리고. 단 2:17

특히 다니엘을 주목하십시오.

> 나 다니엘이 중심에 근심하며 내 머리 속의 환상이 나를 번민하게 한지라. 단 7:15

> 나 다니엘에게 처음에 나타난 환상 후 벨사살 왕 제삼년에 다시 한 환상이 나타나니라 나 다니엘이 이 환상을 보고 그 뜻을 알고자 할 때에 사람 모양 같은 것이 내 앞에 섰고. 단 8:1, 15

다니엘은 자신을 어떻게 부르고 있습니까? 자신을 어떤 사람으로 인식하고 있습니까? 원수들이 그의 정체성을 말살하려 하고 신앙의 대상을 바꾸라고 강요할 때에도 다니엘이 끝까지 지키려 했던 것은 무엇입니까? 다니엘은 '결국은 하나님이 심판하신다', '하나님과 같은 자가 누구냐?', '하나님은 은혜로우시다', '하나님은 나의 도움이시다'라는 생각을 포기하지 않았습니다.
흑암의 세력은 우리에게 다가와 교묘하게 이름을 바꾸라고 강요합니다. 다니엘을 벨드사살로 바꾸라고 강요합니다. 하나냐를 사드락으로, 미사엘을 메삭으로, 아사랴를 아벳느고로 바꾸라고 강요합니다. 그리하면 잘 먹여 주고, 입혀 주고, 출세하게 해주겠다고 유혹합니다. 하지만 그분이 우리에게 주신 이름을 포기할 수 없습니다. 예수님을 믿는 우리가 동일하게 받은 이름은 다음과 같습니다.

> 오직 너 하나님의 사람아 이것들을 피하고 의와 경건과 믿음과 사랑과 인내와 온유를 따르며. 딤전 6:11

> 너희는 우리로 말미암아 나타난 그리스도의 편지니 이는 먹으로 쓴 것이 아니요 오직 살아 계신 하나님의 영으로 쓴 것이며 또 돌판에 쓴 것이 아니요 오직 육의 마음판에 쓴 것이라. 고후 3:3

> 골로새에 있는 성도들 곧 그리스도 안에서 신실한 형제들에게 편지하노니 우리 아버지 하나님으로부터 은혜와 평강이 너희에게 있을지어다. 골 1:2

다니엘처럼 하나님이 주신 이름을 포기하지 않는 것, 이것이 지혜로운 자가 되는 비결입니다. 오늘도 죄악 많은 이 세상과 타협하지 않고 '하나님의 사람'으로, '그리스도의 편지'로, 그리고 '성도'로 살아가는 사람에게 하나님이 주시는 지혜가 임합니다.

다니엘 1:8-16

3
육식인가, 채식인가?

남이 거저 주는 것을 맛있어 보인다고 덥석 받아먹어서는 안 됩니다.
먹지 말아야 할 것을 마치 당연한 것처럼 먹다가
일어나는 문제들이 부지기수입니다.

우리는 하나님이 계심을 믿습니다. 볼 수도 없고 만지거나 들을 수도, 느낄 수도 없지만 우리는 하나님이 살아 계심을 믿습니다. 믿음이란 무엇일까요?

믿음이 없이는 하나님을 기쁘시게 하지 못하나니 하나님께 나아가는 자는 반드시 그가 계신 것과 또한 그가 자기를 찾는 자들에게 상 주시는 이심을 믿어야 할지니라. 히 11:6

우리가 하나님이 계심을 믿는 것과 똑같이 인정해야 할 것이 있습니다. 그것은 사탄이 존재한다는 사실입니다. 물론 사탄 역시 볼 수도, 만질 수도, 들을 수도, 느낄 수도 없습니다. 영적인 존재이기 때문입니다. 하지만 사탄은 분명히 존재합니다. 의심하거나 무시해서는 안 됩니다.

성경은 하나님이 계심을 밝힘과 동시에 일관되게 사탄의 존재를 분명히 합니다. 성경은 하나님의 이름을 여러 모양으로 소개하듯이 사탄 또한 여러 이름으로 부릅니다. 사탄, 마귀, 귀신, 루시퍼, 바알세불 등이 모두 악한 영들의 이름입니다.

사탄의 집요한 공격

신앙생활이란 사탄과의 싸움입니다(엡 6:12). 사탄은 자기 때가 얼마 남지 않았다는 사실을 알기에 마치 우는 사자와 같이 두루 다니며 삼킬 자를 찾고 있습니다. 사탄의 과녁에서 벗어나 있거나 벗어날 수 있는 자는 아무도 없습니다. 땅 위에서 육체를 입고 호흡하는 자라면 누구도 예외가 될 수 없습니다. 게다가 사탄의 과녁에서 벗어날 수 있는 장소는 어디에도 없습니다. 사탄의 공격이 멈추는 때 역시 한 순간도 없습니다.

예수님은 예외였을까요? 예수님 역시 육체를 입고 이 땅의 시간 속에 계셨기에 예외가 될 수 없었습니다. 우리는 그 사실을 마태복음 4장에서 확인합니다. 마귀는 사십 일 동안 금식하며 기도하시는 예수님 앞에 나타났습니다.

> 시험하는 자가 예수께 나아와서 이르되 네가 만일 하나님의 아들이어든 명하여 이 돌들로 떡덩이가 되게 하라 이르되 네가 만일 하나님의 아들이어든 뛰어내리라 기록되었으되 그가 너를 위하여 그의 사자들을 명하시리니 그들이 손으로 너를 받들어 발이 돌에 부딪치지 않게 하리로다 하였느니라 이르되 만일 내게 엎드려 경배하면 이 모든 것을 네게 주리라. 마 4:3, 6, 9

사탄은 정말 집요합니다. 한번 두드려 보고, '아이쿠' 하고 도망가지 않습니다. 포기하지 않습니다. 마치 하이에나처럼 물고 흔듭니다. 우리가 쓰러질 때까지 파고들고 공격합니다. 이게 사탄의 특성입니다.

우리는 이 사실을 다니엘서에서도 확인합니다. 다니엘과 그의 친구들에게 악한 영이 느부갓네살을 통해 역사하기 시작합니다.

다니엘과 친구들에게 행해진 첫 번째 시험은 '왕인가, 주인가?' 하는 것이었습니다. 이것은 섬길 대상을 향한 사탄의 시험입니다. '내가 누구를, 무엇을 의지할 것인가?', 사실 이것만큼 중요한 것이 없습니다. 그런데 그 상황에서 다니엘은 주님을 택했습니다. 하지만 사탄은 포기하지도, 물러가지도 않았습니다.

사탄은 두 번째 시험을 가지고 나타납니다. '벨드사살인가, 다니엘인가?' 이번에는 이름 즉, 자신의 정체성을 어떻게 정할 것인지를 시험합니다. 내가 어떤 사람이 될 것인가? 어떤 사람으로 살 것인가? 벨드사살, 사드락, 메삭, 아벳느고, 즉 자신을 이방신의 아들이라고 규정하고 사드락, 이방신에게 배우고 메삭, 정욕과 욕망이 최고라고 생각하고, '그 이방신의 종이 되기로 자처하는 삶'을 살 것인가? 아니면, '하나님이 결국은 심판하신다' '하나님과 같은 자 누구냐?' '하나님은 은혜로우시다' '하나님은 나의 도움이시다'라는 신념을 포기하지 않고 살 것인가? 우상과 관련된 삶을 살 것인가, 하나님과 관련된 삶을 살 것인가? 이 두 선택의 기로에서 다니엘과 그의 친구들은 어느 쪽을 택했습니까? 벨드사살을 택했습니까, 다니엘을 택했습니까? 사탄은 또 실패했습니다. 그렇다고 물러갔을까요?

사탄의 교묘한 공격

사탄은 세 번째 시험을 가지고 나타납니다. 그것은 바로 먹는 시험이었습니다. 사실 이것은 사탄이 가장 즐겨 사용하는 방법입니다. 사탄은 예수님에게도 제일 먼저 '떡'을 내밀었습니다. 교묘하고 치밀한 시험입니다. 자칫 잘못하면 그냥 넘어갈 수도 있는 시험입니다. 느부갓네살이 어떤 명령을 내렸습니까?

환관장이 다니엘에게 이르되 내가 내 주 왕을 두려워하노라 그가 너희 먹을 것과 너희 마실 것을 지정하셨거늘 너희의 얼굴이 초췌하여

> 같은 또래의 소년들만 못한 것을 그가 보게 할 것이 무엇이냐 그렇게
> 되면 너희 때문에 내 머리가 왕 앞에서 위태롭게 되리라 하니라. **단 1:10**

느부갓네살은 다니엘과 그의 친구들에게 먹을 것과 마실 것을 하사했습니다. 그리고 환관장에게 왕이 내려 준 음식을 그들에게 먹이도록 명령했습니다. 만일 그 명령을 어기면 환관장의 목이 위태롭게 될 정도의 지엄한 명령이었습니다.

먹고 마시는 것은 인간에게 본능적인 욕구입니다. 이것은 생명과 직결되는 것입니다. 한 끼 금식을 한다고 가정해 보겠습니다. 물론 한 끼 정도는 견딜 만합니다. 하지만 금식이 끝나고 먹는 밥맛은 전과 분명 다릅니다. 먹고 마시는 것, 이게 죄가 될까요? 이것을 거절할 필요가 있을까요?

다니엘과 그의 친구들에게 내려진 첫 번째, 두 번째 시험은 그 상황에서 '노'(No) 하기가 대단히 힘든 것이었습니다. 그러나 세 번째 시험인 먹고 마시는 문제를 시험이라고 생각하고 긴장할 필요가 있을까요? 오히려 왕의 하사품에 감지덕지하며, 자신들만 특별대우를 받는다고 고마워하고 자랑하면서 우쭐댈 수 있지 않을까요? 당시 왕이 먹는 음식은 다음과 같습니다.

> 솔로몬의 하루의 음식물은 가는 밀가루가 삼십 고르요 굵은 밀가루가
> 육십 고르요 살진 소가 열 마리요 초장의 소가 스무 마리요 양이 백

마리이며 그 외에 수사슴과 노루와 암사슴과 살진 새들이었더라. 왕상 4:22-23

옛날에는 육식이 최고의 메뉴였습니다. 그때는 소고기국도 마음껏 먹지 못했습니다. 일 년에 몇 차례 특별한 날에만 먹었을 뿐입니다. 그래서 왕의 음식은 포도주를 곁들인 육식을, 가난한 사람들은 채식을 주로 했습니다.

'육식인가, 채식인가?' 이걸 시험이라고 할 수 있을까요? 그런데 다니엘과 그의 친구들은 왕이 내린 산해진미를 거절했습니다. 이 부분을 놓고 두어 가지 주목할 만한 해석이 있습니다. 첫째로 왕이 내린 음식과 포도주는 먼저 우상에게 드려진 음식이었습니다. 그 음식을 먹으면 먹은 사람도 더러워집니다. 둘째로 왕이 내린 음식을 먹는다는 것은 건강과 힘을 회복하여 왕에게 충성하겠다는 의지적 표현입니다. '더럽힘'과 '충성'이 그들이 음식을 거절한 이유입니다. 일리가 있는 주장입니다.

2012년 6월에 미국의 대도시 LA에서 예장합동교단 백주년 기념 세계선교대회가 열렸습니다. 그 자리에 GMS(총회세계선교회)에서 세계 각국에 파송한 선교사들도 함께했습니다. 그런데 참 흥미로운 사실을 발견했습니다. 선교사들이 같은 한국 사람인데도 선교하는 나라의 자국민처럼 보인 것입니다. 왜 그럴까요? 같은 한국 사람인데, 왜 다르게 보였을까요?

장기간 파송되어 있다 보니 그곳의 환경에 익숙해지고, 특히 현지 음식을 먹다 보니 자신도 모르게 그쪽 사람으로 변해 버린 것입니다. 언제부터인가 선교지의 문화와 생활방식이 더 익숙하고 그 나라 음식이 훨씬 더 입에 맞으면서 현지화되어 버린 것입니다.

다니엘을 꾀기 위해 노력했지만 실패한 사탄은 작전을 장기전으로 바꾸었습니다. 사탄은 대수롭지 않게 보이는 것으로 슬며시 접근했습니다. '이것쯤이야', '이건 괜찮지' 하는 생각으로 다니엘을 넘어뜨리려했습니다.

게다가 기름진 음식이 사탄의 시험이라는 한 가지 더 중요한 근거가 있습니다. 느부갓네살의 후의(厚意)가 너무 과도했다는 것입니다. 느부갓네살과 다니엘은 왕과 포로의 관계입니다. 정복자와 정복을 당한 자의 관계입니다. 그런 도움을 줄 이유도, 받을 이유도 없습니다. 그런데 느부갓네살은 과도한 친절을 베풀었습니다. 여기에 왕의 음모가 숨겨져 있습니다.

타협을 거절하는 신앙

남이 거저 주는 것을 맛있어 보인다고 덥석 받아먹어서는 안 됩니다. 우리 주변에 일어나는 여러 가지 일들을 보십시오. 먹지 말아야 할 것을 마치 당연한 것처럼 먹다가 일어나는 문제들이 부지기수입니다. 자기 것도 아니면서 말입니다. 자꾸 이러한 관념이 습관화되면 나도 모르게 원수가 쳐놓은 덫에 걸려들고 맙니다. 그래서 헤어나지를 못합니다. '그때도 했잖아. 그래도 괜찮았잖아. 한 번인데 뭐!' 하는 생각에 사로잡혀 버립니다.

하지만 다니엘은 뜻을 정했습니다.

> 다니엘은 뜻을 정하여 왕의 음식과 그가 마시는 포도주로 자기를 더럽히지 아니하리라 하고 자기를 더럽히지 아니하도록 환관장에게 구하니. 단 1:8

다니엘은 각오하고 결심했습니다. 하나님 앞에 순종하기 위해 더 경각심을 가졌습니다. 별스럽지 않아 보이는 일에 허리띠를 풀고, 긴장의 끈을 늦추지 않았습니다. 왕의 명령 속에 숨어 있는 계략을 파악했기 때문입니다. 먹는 것과 마시는 것은 별스럽지 않아 보이지만 삶에 있어서 중요한 것입니다.

채식은 욕심내지 않는 것을 의미합니다. 생존을 위한 최소한의 양식입니다. 영양에는 별로 도움이 되지 않는 것처럼 보이기도 합니다. 그러나 하나님 앞에서 욕심내지 않는 삶을 영위한다면 그 얼굴은 더 아름답고 빛이 날 것입니다. 하나님은 그런 자에게 지혜를 주십니다.

오늘도 내 앞에 '육식인가, 채식인가?' 하고 선택을 요구하는 일들이 수없이 벌어집니다. 기꺼이 채식을 선택하여 사탄의 은밀한 유혹을 물리치십시오.

다니엘 1:8-21

4
시험 후에 찾아온 선물

하나님은 내 주변 사람을 축복의 통로로 사용하십니다.
내가 던져진 환경을 축복의 통로로 사용하십니다.

태풍은 인간에게 많은 피해를 줍니다. 그래서인지 사람들은 태풍이 인류에게 불필요한 것이라고 생각해 왔습니다. 하지만 언제부터인가 태풍이 인간 생활에 피해만 주는 것이 아니라 유익도 준다는 사실을 깨달았습니다.

과학자들이 자연의 균형을 유지하기 위해 태풍이 꼭 필요하다는 사실을 발견했습니다. 시속 150마일의 강풍을 가진 전형적인 태풍은 적도 부근에 과도하게 생긴 무더운 열기를 없애 줍니다. 또 평소의 잔잔한 파도로는 닿지 않는 바닷속 깊은 곳까지 영향을 미쳐 플랑크톤을 생산해서 어족을 풍부하게 합니다. 바닷물을 휘저어 넘치는 적조현상을 없애 줍니다. 또한 지상에 많은 비를 내려 사람에게 필요한 물을

70퍼센트 이상 공급하고, 강한 바람으로 대기 중 오염물질을 제거합니다. 그래서 학자들은 태풍 하나의 경제적 가치가 약 8,000억 원에 이른다고 평가합니다.

우리를 이롭게 하는 영적 태풍

우리 삶의 현장에도 영적 태풍이 불어닥칠 때가 있습니다. 욥에게 불어닥쳤던 무시무시한 태풍이 대표적입니다. 가족과 재산, 건강이 욥에게서 한순간에 날아갔습니다. 이런 태풍 앞에서 인간은 철저히 무너집니다. '왜 나에게 이런 시련의 광풍이 몰아치는 것일까?' 하고 힘들어하며 쓰러져 갈등하고 아파합니다.

지금 태풍 앞에 서있습니까? 그 태풍 앞에서 어떤 자세를 취하고 있습니까? 그 태풍을 어떻게 해석하고 있습니까? 욥의 노래를 들어보십시오. 그의 은혜가 전해질 것입니다. 영적 태풍 앞에서 욥은 이렇게 노래합니다.

> 그러나 내가 가는 길을 그가 아시나니 그가 나를 단련하신 후에는 내가 순금 같이 되어 나오리라. 욥 23:10

또 시편 기자는 이렇게 노래합니다.

> 고난 당한 것이 내게 유익이라 이로 말미암아 내가 주의 율례들을 배우게 되었나이다 여호와여 내가 알거니와 주의 심판은 의로우시고 주께서 나를 괴롭게 하심은 성실하심 때문이니이다. 시 119:71, 75

다니엘이 큰 태풍 앞에 섰습니다. "왕인가, 주인가? 벨드사살인가, 다니엘인가? 육식인가, 채식인가?" 하나도 아니고, 둘도 아니고, 세 개의 태풍을 연속적으로 맞았습니다. 하지만 그 상황에서 그는 쓰러지거나 좌절하지 않았습니다. 당당하게 맞섰습니다. 그는 주를 택했습니다. 육식의 유혹을 물리치고 채식을 택했습니다. 이런 다니엘에게 어떤 일이 일어났을까요?

> 하나님이 다니엘로 하여금 환관장에게 은혜와 긍휼을 얻게 하신지라. 단 1:9

화를 입을 줄 알았던 다니엘에게 오히려 은혜와 긍휼이 임했습니다. 위의 말씀에서 "다니엘로 하여금 환관장에게"를 괄호로 묶으면 하나님이 은혜와 긍휼을 주셨다는 것이 됩니다. 그 도구로 환관장을 쓰신 것입니다. 이 환관장에 초점을 맞추어 보겠습니다.

환관장은 어떤 사람일까요? 성경에는 감독관도 나오는데 이들은 대체 어떤 사람들일까요? 이 사람들은 다니엘 곁에 있는 사람들입니다. 하나님은 지금 그의 곁에 있는 사람들을 축복의 통로로 사용하십니다.

이것은 대단히 중요한 사실입니다. 하나님은 내 곁에 있는 사람을 통해 나에게 은혜 베푸시기를 원하십니다. 한나의 기도가 누구의 기도와 합쳐질 때 응답되었습니까? 다윗이 어떻게 하여 사울 왕 앞에 나아가게 되었습니까? 곁에 있는 사람을 소중히 여기십시오. 축복의 통로로 하나님이 사용하십니다. 이를 위해 주변 사람들과 좋은 관계를 유지해야 합니다.

하나님의 영을 감지한 사람들

환관장이나 감독관이 다니엘의 요청에 순순히 응할 수 있었던 것은 평소에 좋은 관계를 유지했기 때문입니다. 그렇지 않았더라면 다니엘의 요청을 수락하지 않았을 것입니다.

> 보라 형제가 연합하여 동거함이 어찌 그리 선하고 아름다운고. 시 133:1

그러나 그것만으로는 이 상황이 잘 이해되지 않습니다. 왜냐하면 그들은 왕의 지엄하신 명령에 절대적으로 복종하여 임무를 수행해야 할 자들이었기 때문입니다. 순종하지 않으면 그의 머리가 한 순간에 날아갈지도 모르는 위치에 있었습니다. 그런데 환관장과 감독관이 다니엘과 그의 친구들의 말을 들어줍니다. 그들의 요구를 순순히 받아들입니다. 당시 포로는 짐승과 다를 바 없었습니다. 인권이라는 것은 생각조차 할 수 없는 시대입니다. 그런데 환관장이 자신의 생명이 위태함을 뻔히 알면서도 어떻게 어린양처럼 순순히 포로에 불과한 다니엘의 요구를 받아들이는 것일까요? 단지 평소에 좋은 관계를 유지했다는 것만으로는 잘 설득이 되지 않습니다.

다니엘과 환관장이 지금 마주보고 섰습니다. 다니엘의 입에서 이런 말이 터져 나옵니다. "환관장님, 저는 왕이 하사하신 음식과 포도주를 먹을 수 없습니다. 그것은 제 자신을 더럽히는 것이기 때문입니다. 제가 그것을 먹지 않도록 해주십시오." 그들이 감독관에게 말합니다. "열흘 동안 이렇게 하겠습니다."

과연 무엇이 환관장의 마음을 움직였을까요? 그것은 다니엘이 느부갓네살 왕보다 더 높은 어떤 권위 앞에 있음을 이 환관장이 감지하고 느꼈기 때문입니다. 그렇기에 왕의 권위와 명령을 묵살할 수 있었을 것입니다. 환관장이 다니엘을 보면서 감지한 권위는 어떤 것이었는지 보십시오.

> 그 후에 다니엘이 내 앞에 들어왔으니 그는 내 신의 이름을 따라 벨드사살이라 이름한 자요 그의 안에는 거룩한 신들의 영이 있는 자라 내가 그에게 꿈을 말하여 이르되 나 느부갓네살 왕이 이 꿈을 꾸었나니 너 벨드사살아 그 해석을 밝히 말하라 내 나라 모든 지혜자가 능히 내게 그 해석을 알게 하지 못하였으나 오직 너는 능히 하리니 이는 거룩한 신들의 영이 네 안에 있음이라. 단 4:8, 18

느부갓네살이 다니엘을 보면서 무엇을 감지하고 있습니까?

> 왕의 나라에 거룩한 신들의 영이 있는 사람이 있으니 곧 왕의 부친 때에 있던 자로서 명철과 총명과 지혜가 신들의 지혜와 같은 자니이다 왕의 부친 느부갓네살 왕이 그를 세워 박수와 술객과 갈대아 술사와 점쟁이의 어른을 삼으셨으니 왕이 벨드사살이라 이름하는 이 다니엘은 마음이 민첩하고 지식과 총명이 있어 능히 꿈을 해석하며 은밀한 말을 밝히며 의문을 풀 수 있었나이다 이제 다니엘을 부르소서 그리 하시면 그가 그 해석을 알려 드리리이다 하니라. 단 5:11-12

느부갓네살의 뒤를 이어 왕이 된 벨사살 왕의 아내, 즉 왕비는 다니엘 안에서 무엇을 보았습니까?

> 내가 네게 대하여 들은즉 네 안에는 신들의 영이 있으므로 네가 명철과 총명과 비상한 지혜가 있다 하도다. 단 5:14

벨사살 왕이 지금 다니엘에게 무엇이 계심을 인정하고 있습니까?
하나님의 영! 하나님의 영이 다니엘 안에 계심을 느부갓네살 왕, 벨사살 왕, 벨사살의 아내가 보고 느꼈습니다. 하물며 환관장과 감독관의 눈에는 어떠했겠습니까. 환관장과 감독관도 분명히 하나님의 영을 감지했을 것입니다.

4 시험 후에 찾아온 선물

지금 눈앞에서 "나는 그 음식을 먹지 않겠소" 하고 말하는 다니엘은 겉으로 볼 때는 정말 보잘 것 없는 존재입니다. 나이도 어리고, 짐승같이 취급하고 무시해도 되는 포로 신분의 하잘 것 없는 존재입니다. 그런데 그를 보니 하나님의 영이 충만해 있었습니다. 성령이 충만합니다. 그의 말을 무시할 수 없는 권위가 있습니다. 그 권위는 느부갓네살 왕이 가진 권위와 비교할 수 없는 권위였습니다. 그래서 자신들의 생명이 위태하다는 사실을 알면서도 다니엘의 요청을 수락한 것입니다.

고난 뒤에 주어지는 성령충만

'왕인가, 주인가? 벨드사살인가, 다니엘인가? 육식인가, 채식인가?'의 기로에서 과감하게 왕과 벨드사살, 육식을 거부하고 주와 다니엘, 채식을 선택했던 다니엘에게 하나님께서 성령충만의 은혜를 주셨습니다.

하나님이 주신 선물 가운데 가장 귀한 것이 성령충만입니다. 하나님이 우리에게 가장 먼저 주기 원하시는 것이 성령충만입니다. 이 성령충만은 주와 다니엘, 채식을 선택하는 자에게 주어집니다. 성령충만함을 입으면 지혜로워집니다. 그 누구도 업신여기지 못합니다. 영적 권위가 생깁니다.

성경에 나오는 씨 뿌리는 자의 비유를 보면 주님은 길가와 자갈밭,

가시떨기를 극복한 자에게 옥토를 예비해 놓으셨다가 허락하셨습니다(마 13:3-8). 우리에게도 분명 옥토가 있습니다. 하나님이 예비해 놓으셨습니다. 그런데 그 옥토는 가시밭 너머에 있습니다. 길가, 돌밭, 가시떨기는 시련을 뜻합니다. 고난을 상징합니다. 이것을 극복하면 옥토에 이릅니다.

다니엘이 이 세 가지를 넘어섰더니 성령충만함을 입게 되었고, 나아가 지혜로운 사람이 되어 개인사, 국사, 세계사를 논할 수 있는 지혜자가 되었습니다. 이런 은혜가 우리에게도 넘칠 수 있습니다.

열 배나 나은 지혜를 주시는 하나님

다니엘은 신앙의 지조를 지키기 어려운 시대와 환경에 던져졌습니다. 오늘 우리가 처한 상황과는 비교도 할 수 없는 하루하루였습니다. 나라는 망했고, 포로의 몸이 되어 행동은커녕 먹는 것 하나도 마음대로 할 수 없는 형편이었습니다.

그 와중에 태풍과 같은 사건이 그를 덮칩니다. 사탄은 그야말로 집요했지만 다니엘은 동요하지 않고 담대히 신앙의 절개를 굳게 지켰습니다. 무엇이 다니엘을 이런 사람으로 만들었을까요?

다니엘은 하나님이 모든 것을 주관하고 간섭하신다는 것을 알았습니다. 유다 왕도, 느부갓네살 왕도 모두 하나님의 장중에 있습니다. 하나님의 손 안에서 모든 일이 이루어집니다. 느부갓네살 왕은 하나님이 자기 백성을 깨우치기 위하여 잠시 사용하시는 막대기입니다. 그 막대기는 잠시 후에 부러지고 말 것입니다. 이런 믿음으로 다니엘은 주를 선택했습니다. 이런 다니엘에게 하나님이 역사하셨습니다(단 1:9).

사람과 환경을 통해 오는 축복

다니엘 바로 곁에 있는 환관장과 감독관을 통해 하나님께서 은혜와 긍휼을 베푸시고, 그들을 축복의 통로로 사용하셨습니다. 이렇게 주와 다니엘, 채식을 선택하면서 성령충만하기를 힘쓰는 다니엘에게 하나님께서는 또 다른 방법으로 역사하십니다.

> 하나님이 이 네 소년에게 학문을 주시고 모든 서적을 깨닫게 하시고 지혜를 주셨으니 다니엘은 또 모든 환상과 꿈을 깨달아 알더라. 단 1:17

첫째, 이 성경 구절에서 "학문을 주시고…"라는 말은 배움의 기회가 주어졌다는 뜻입니다. 당시 바벨론은 세계를 재패한 나라입니다. 따라서 학문과 언어가 아주 발달했습니다. 많은 사람들이 유학을 오고 싶어 하는 곳이 바벨론이었습니다. 왕궁 학교는 아무나 들어갈 수 있는 곳이 아닙니다. 그런데 다니엘은 지금 그곳에서 배울 수 있는 기회가 주어졌습니다. 하나님이 그렇게 하셨습니다.

다니엘은 자신이 던져진 삶의 현장을 학교로 생각했습니다. 배움의 터로 생각했습니다. 그래서 지금 있는 그 자리에서 최선을 다했습니다. 불평하거나 원망하지 않았습니다. '지금 내가 서있는 바로 여기가 나의 학교다.' 이렇게 생각하는 자에게 하나님의 은혜가 임합니다.

둘째, "서적을 주시고…"라는 성경 구절 역시 다니엘이 많은 책을 접했다는 것을 알게 해줍니다. 바벨론에는 특히 책이 많았습니다. 왕궁 학교이니 장서(藏書)들이 많았을 것입니다. 다니엘은 이 책들을 접하면서 하나님이 주시는 지혜를 체득했습니다.

셋째, 이전에 몰랐던 재능을 발견하게 하셨습니다. 같은 환경에서는 같은 것만 봅니다. 사고와 행동의 폭이 좁습니다. 그래서 고집불통이 되기 쉽습니다. 융통성이라고는 쥐꼬리만큼도 없는 존재가 되기도 합니다.

그러나 시야를 넓히고 환경을 바꾸고 다른 사람들도 만나고 다른 분위기에도 젖어 봄으로써, 이전에는 보지 못했던 것을 봅니다. 특히 내 안에 하나님이 숨겨 두신 놀라운 재능을 발견하게 됩니다. 이 재능은 보통 때는 보이지 않습니다. 장소가 바뀔 때, 특히 위기의 순간에 나타납니다. 성령께서 역사하실 때 놀라운 사실을 깨닫게 됩니다.

하나님께서 지금 다니엘이 처한 환경을 축복의 통로로 사용하고 계십니다. 하나님은 지금 다니엘과 함께하시는 성령이십니다. 그 성령께서 환경을 통해 다니엘에게 은혜를 베푸십니다. 학문을 주시고, 모든 서적을 깨닫게 하시고, 심지어 모든 환상과 꿈까지도 깨달아 알 수 있는 지혜를 부어 주셨습니다.

하나님은 이렇게 내가 처한 환경을 통해서 역사하십니다. 요셉과 모세, 다윗을 보십시오. 그들 개개인의 삶을 면밀히 살펴보십시오. 요셉이 처한 환경, 즉 보디발의 집과 감옥은 좋은 학교였습니다. 모세가 던져진 곳, 즉 왕궁과 호렙산 기슭의 들판, 시내산, 그 모든 곳이 모세를 위한 축복의 통로였습니다.

다니엘은 자신의 주변에 있는 사람과 환경에 불평하거나 원망하는 대신 성령 안에서 좋은 관계를 유지했습니다. 그리고 자기 앞에 놓인 삶에 최선을 다했습니다. 그러자 다니엘이 점점 어떤 사람으로 바뀌었습니까?

> 왕이 그들에게 모든 일을 묻는 중에 그 지혜와 총명이 온 나라 박수와 술객보다 십 배나 나은 줄을 아니라. 단 1:20

하나님은 내 주변 사람을 축복의 통로로 사용하십니다. 내가 던져진 환경을 축복의 통로로 사용하십니다.

> 여호와는 나의 산업과 나의 잔의 소득이시니 나의 분깃을 지키시나이다 내게 줄로 재어 준 구역은 아름다운 곳에 있음이여 나의 기업이 실로 아름답도다. 시 16:5-6

> 우리가 알거니와 하나님을 사랑하는 자 곧 그의 뜻대로 부르심을 입은 자들에게는 모든 것이 합력하여 선을 이루느니라. 롬 8:28

《아프니까 청춘이다》(쌤앤파커스, 2010)로 젊은이들에게 센세이션을 일으켰던 김난도 교수가 이번에는 《천 번을 흔들려야 어른이 된다》(오우아, 2012)는 책을 출간했습니다. 이 책들에서 이야기하는 것처럼 그냥 어쩌다 보니 꼭대기에 올라가 있는 사람은 거의 없습니다. 태어나 보니 재벌 아들딸로 태어난 사람들 있기는 하지만 그들은 별로 존경을 받지 못합니다. 다니엘이 그냥 다니엘이 된 것이 아닙니다. 그야말로 천 번을 흔들리는 과정을 통해 그 자리에 이른 것이 아닐까요?

내가 지금 머물고 있는 환경을 학교라고 생각하십시오. 손에서 성경을 놓지 마십시오. 변화된 환경 속에서 재능을 발견하십시오.

기억해야 할 한 문장

1. 왕(王)인가, 주(主)인가?

다니엘과 그 친구들은 보이는 '왕'과 보이지 않는 '주'를 선택해야 하는 순간에 과감히 주를 선택했습니다.

하나님은 창조주이면서 섭리주이십니다. 세상의 그 어떤 권력자나 권세자도 하나님의 주권을 넘어서거나 침해할 수 없습니다.

2. 벨드사살인가, 다니엘인가?

다니엘처럼 하나님이 주신 이름을 포기하지 않는 것, 이것이 지혜로운 자가 되는 비결입니다.

이름은 매우 중요합니다. 이름은 그 사람의 정체성의 표현입니다. 늘 그렇게 불리다 보면 나도 모르게 그런 사람이 되기 때문입니다.

3. 육식인가, 채식인가?

남이 거저 주는 것을 맛있어 보인다고 덥석 받아먹어서는 안 됩니다. 우리 주변에 일어나는 여러 가지 일들을 보십시오. 먹지 말아야 할 것을 마치 당연한 것처럼 먹다가 일어나는 문제들이 부지기

수입니다.

신앙생활이란 사탄과의 싸움입니다(엡 6:12). 사탄은 자기 때가 얼마 남지 않았다는 사실을 알기에 마치 우는 사자와 같이 두루 다니며 삼킬 자를 찾고 있습니다.

4. 시험 후에 찾아온 선물

하나님은 내 주변 사람을 축복의 통로로 사용하십니다. 내가 던져진 환경을 축복의 통로로 사용하십니다.

다니엘은 자신이 던져진 삶의 현장을 학교로 생각했습니다. 그래서 지금 있는 그 자리에서 최선을 다했습니다. 불평하거나 원망하지 않았습니다.

우리 앞에는 수많은 큰 바위와 태산이 가로 놓여 있습니다. 더는 삶을 이어갈 수 없는 난관에 봉착할 때도 많습니다. 그래서 '이제 이 삶을 끝내 버리자' 하는 생각이 들 때도 많습니다. 하지만 그 힘들고 어려운 상황에도 다른 면이 있습니다.

2
chapter

'이에'에서 '이에'로 연결된 축복

그 면이 어떤 면인지 보고 싶습니까? 진정 그렇다면, 하나님 앞에 엎드리십시오. '이에' 하는 것입니다. '이에' 하는 자에게 하나님은 반드시 '이에' 하십니다. 가장 적절한 때, 가장 적절한 방법으로, 가장 적절한 축복을 내리십니다.

다니엘 2:1-13

5
잊혀진 꿈, 다시 되살리라

내가 하나님이 주신 꿈을 붙잡고 선택의 기로에서 하나님을 택한다면
어떤 방향으로 나아가야 할지 그분이 가르쳐 주십니다.

어느 주일, 예배 후 일 층에서 교우들과 인사를 나누고 목양실로 올라가려는데 로비에 한 낯선 여인이 서성이고 있었습니다. 중년층으로 보이는 그 여인에게 다가가서 처음 뵙겠다고 말을 건네며 바라보니 얼굴에 눈물자국이 선명했습니다. 예배 시간에 말씀을 들으면서 내내 울었다고 했습니다. 알고 보니 사랑의교회에 출석하는 성도였습니다.
일산에 있는 동생 집에 왔다가 예배에 참석했는데, 설교라든지 예배 분위기가 옥한흠 목사님이 사랑의교회를 섬길 때의 모습과 너무 흡사해서 그렇게 눈물이 났답니다. '풀무불 앞에서'가 아니고, '풀무불 안에서' 함께하시는 하나님, 풀무불 속에 뛰어 들어와 사드락과 메삭

과 아벳느고의 손을 붙잡아 주시는 그분이 지금 나와 함께 계심을 확신하고 돌아간다며 저에게 감사를 표했습니다.

나중에 그 자매가 사랑하는 남편을 하나님 품에 보내드린 지 얼마 안 되었다는 사실을 알게 되었습니다. 그 사실을 알고 그냥 넘어갈 수 없어 위로자의 심정으로 전화를 걸었습니다. 그런데 걱정했던 것과 달리 그 성도의 음성은 굉장히 밝고 맑았습니다. 아픔이나 두려움, 불안을 찾아볼 수 없었습니다. 목사인 제가 부끄러움을 느낄 정도로 확신에 찬 음성으로 그 여인이 이렇게 말했습니다. "남편은 신앙생활을 굉장히 잘하는 사람이었는데, 어느 날 갑자기 하나님이 데려가셨어요. 이제 주님과 더 가까운 곳에서 우리를 위하여 기도하고 있겠죠. 아마 하늘에서 우리 가족을 응원하고 있을 거예요. 잠시 후면 남편을 만날 텐데, 그때 부끄럽지 않도록 살아가려고 합니다. 전 이번 일을 겪으면서 분명하고 똑똑하게 하나님의 뜻을 발견했습니다. 그것은 하늘나라의 소망과 이 땅의 소명입니다. 저는 소망과 소명, 이 두 단어를 붙잡고 살아가려고 합니다."

그 자매는 대들보와 같은 남편이 눈앞에서 쓰러지는 청천벽력 앞에서 그동안 잊었던 꿈과 비전을 분명하게 발견했습니다. 그리고 그 꿈을 되살리고 있었습니다. 전화기를 내려놓는데 성령께서 이렇게 말씀하시는 것 같았습니다. "너는 잊어버린 꿈이 없는가? 내가 너에게 준 꿈을 잊어버리지는 않았는가? 그 꿈을 애써 외면한 채 세월을 허송하고 있는 것은 아닌가?"

꿈으로 말씀하시는 하나님

다니엘 1장은 서론에 해당합니다. 다니엘서를 통해 다루려는 본격적인 주제를 등장시키기 위해 멍석을 깔고 있는 것입니다. 과연 어떤 주제를 등장시키려고 하는 것일까요?

다니엘서는 꿈 이야기입니다. 처음부터 끝까지 꿈 이야기입니다. 도대체 이 꿈 이야기를 통해서 오늘 우리에게 주시는 교훈이 무엇일까요? 1장의 마무리 부분인 17절에 지혜와 환상, 꿈이라는 세 단어가 등장합니다. 그리고 20절에 다시 지혜와 총명, 박수, 술객이라는 단어가 등장합니다. 이러한 단어들은 본격적으로 어떤 주제를 다룰지를 강하게 보여 줍니다.

드디어 2장이 열립니다. 본격적인 주제, 즉 꿈을 다루고 있습니다. 그 내용은 이러합니다. 바벨론의 느부갓네살 왕이 꿈을 꾸었습니다. 그 꿈이 범상치 않은 것은 확실한데 자고 일어나니 그 내용이 도무지 떠오르지 않았습니다. 그래서 바벨론의 소위 박수, 술객, 점쟁이, 술사들을 다 불러 모았습니다. 그리고 이렇게 말했습니다.

"내가 지난밤에 꿈을 꾸었다. 그 꿈이 무엇인지 내가 고심하고 있다. 그 꿈을 해석하도록 하여라." 그러자 그들은 이렇게 말했습니다,

"왕이여, 어떤 꿈을 꾸셨는지 알려만 주십시오. 그러면 단번에 해석해 드리겠습니다."

"내가 이미 명령을 내렸지 않았는가! 너희들이 만일 내가 어떤 꿈을 꾸었으며, 그 의미가 무엇인지를 알아내지 못하면, 몸을 쪼갤 것이니

그리 알아라."

"어떤 꿈인지 알려 주셔야 해석을 해 올리지 않겠습니까?"

"이놈들, 시간을 지체하려고 꼼수를 부리고 있구나!"

"왕이여, 세상에는 왕이 꾼 꿈이 무엇인지 알 자가 한 사람도 없습니다. 아무리 왕이지만 대왕처럼 이렇게 막무가내로 명령을 내린 왕은 지금까지 한 사람도 없었습니다."

그 말에 왕은 진노하고 통분해서 그들을 다 죽이라고 명령했습니다.

미래를 여는 꿈

지금 느부갓네살의 뇌 속에 있어야 할 꿈이 사라졌습니다. 그 꿈이 무엇이었는지 아무리 떠올리려고 해도 허사였습니다. 느부갓네살은 그 일 때문에 잠을 이루지 못하고 번민했습니다. 나라에 내로라하는 박사들을 불러 그 꿈을 되살려 보려고 발버둥을 쳐봤으나 그 또한 허사였습니다.

느부갓네살이 지금 되살리려고 애쓰는 꿈은 그냥 잊어도 되는 꿈이 아니었습니다. 그 꿈은 분명 느부갓네살의 미래였습니다. 또한 그가 속한 공동체의 미래였습니다. 미래란 자신의 생명과 희망입니다. 그런데 그 중요한 꿈을 잊어버린 것입니다. 이렇게 꿈을 되살리지 못한 느부갓네살과 바벨론의 미래는 어떻게 되었습니까?

왕이 사람에게서 쫓겨나서 들짐승과 함께 살며 소처럼 풀을 먹으며 하늘 이슬에 젖을 것이요 이와 같이 일곱 때를 지낼 것이라 그 때에 지극히 높으신 이가 사람의 나라를 다스리시며 자기의 뜻대로 그것을 누구에게든지 주시는 줄을 아시리이다. 단 4:25

느부갓네살을 따르던 공동체는 잠시 후에 페르시아에 의해 한순간에 망해 버립니다.

그런데 다니엘은 모든 환상과 꿈을 깨달아 알았습니다(단 1:17). 더 나아가 다른 사람이 침상에서 꾼 꿈의 내용과 그 의미까지도 밝히 해석했습니다. 한 걸음 더 나아가 자신이 꾼 꿈의 내용을 기록하기까지 합니다.

바벨론 벨사살 왕 원년에 다니엘이 그의 침상에서 꿈을 꾸며 머리 속으로 환상을 받고 그 꿈을 기록하며 그 일의 대략을 진술하니라. 단 7:1

나 다니엘에게 처음에 나타난 환상 후 벨사살 왕 제삼년에 다시 한 환상이 나타나니라. 단 8:1

먼저 우리가 정리하고 넘어가야 할 것이 있습니다. 꿈은 도대체 무엇을 의미할까요? 특히 성경에서 꿈은 무엇과 깊은 관련을 갖고 있을까요?

그 후에 내가 내 영을 만민에게 부어 주리니 너희 자녀들이 장래 일을 말할 것이며 너희 늙은이는 꿈을 꾸며 너희 젊은이는 이상을 볼 것이며.

욜 2:28

성경은 꿈을 장래 일(예언)과 이상(理想)과 같은 의미로 쓰고 있습니다. 몽조나 환상으로도 번역이 가능합니다. 이렇게 볼 때 성경에서의 꿈은 우리가 일반적으로 생각하는 밤에 꾸는 꿈만을 의미하는 것이 아닙니다. 꿈은 장차 일어날 일, 더 나아가 그 사람이 가져야 할 비전과 깊은 관련이 있습니다. 장차 이런 일이 일어났으면 좋겠다, 이런 일을 했으면 좋겠다는 그 사람의 포부, 바람, 희망사항이 곧 꿈입니다.

그렇기에 꿈은 장차 그 사람이 받아 누릴 축복과 깊은 관련이 있습니다. 지금 비록 힘들고 어렵다 할지라도 앞으로 내 미래가 어떻게 펼쳐질지 고대하며 오늘을 견디게 하는 원동력과 같은 것입니다. 그러므로 꿈을 단순히 잠자리에서 꾸는 꿈으로 좁게 이해해서는 안 됩니다. 나의 미래, 나의 비전, 바람, 희망 등의 의미를 담은 복합적인 의미로 이해해야 합니다.

꿈을 품은 사람들

꿈 앞에서 세상에는 두 부류의 사람이 있습니다. 한 부류는 느부갓네살처럼 하나님이 주신 꿈을 잊어버리는 사람입니다. 잊어버리는 정도가 아니라, 그 꿈을 다시 떠올리려고 해도 아예 떠오르지 않는 사람입니다. 주변 사람의 도움을 받아도 도무지 그 꿈을 되살리지 못하는 사람입니다. 꿈을 되살리지 못하는 사람, 가슴속에 꿈이 없는 사람은 그 나중이 참으로 비참합니다.

이에 반해 꿈을 가슴속에 소중히 간직하고 있는 사람이 있습니다. 간직할 뿐만 아니라 그 꿈의 의미를 깨달아 아는 사람입니다. 성경에 등장하는 믿음의 족장들은 저마다 자신들이 꾼 꿈을 가슴에 품고, 앞으로 나아간 사람들입니다.

아브라함

해 질 때에 아브람에게 깊은 잠이 임하고 큰 흑암과 두려움이 그에게 임하였더니 여호와께서 아브람에게 이르시되 너는 반드시 알라 네 자손이 이방에서 객이 되어 그들을 섬기겠고 그들은 사백 년 동안 네 자손을 괴롭히리니 그들이 섬기는 나라를 내가 징벌할지며 그 후에 네 자손이 큰 재물을 이끌고 나오리라 너는 장수하다가 평안히 조상에게로 돌아가 장사될 것이요. 창 15:12-15

이삭

이삭이 거기서부터 브엘세바로 올라갔더니 그 밤에 여호와께서 그에게 나타나 이르시되 나는 네 아버지 아브라함의 하나님이니 두려워하지 말라 내 종 아브라함을 위하여 내가 너와 함께 있어 네게 복을 주어 네 자손이 번성하게 하리라 하신지라. 창 26:23-24

밤은 곧 꿈과 깊은 관련을 가지고 있습니다. 이삭은 밤에 하나님의 음성을 듣고 어떻게 했습니까?

이삭이 그 곳에 제단을 쌓고, 여호와의 이름을 부르며 거기 장막을 쳤더니 이삭의 종들이 거기서도 우물을 팠더라. 창 26:25

야곱

한 곳에 이르러는 해가 진지라 거기서 유숙하려고 그 곳의 한 돌을 가져다가 베개로 삼고 거기 누워 자더니 꿈에 본즉 사닥다리가 땅 위에 서 있는데 그 꼭대기가 하늘에 닿았고 또 본즉 하나님의 사자들이 그 위에서 오르락내리락 하고 또 본즉 여호와께서 그 위에 서서 이르시되 나는 여호와니 너의 조부 아브라함의 하나님이요 이삭의 하나님이라 네가 누워 있는 땅을 내가 너와 네 자손에게 주리니 네 자손이 땅의 티끌 같이 되어 네가 서쪽과 동쪽과 북쪽과 남쪽으로 퍼져나갈지며 땅의 모든 족속이 너와 네 자손으로 말미암아 복을 받으리라 내가 너와 함께 있어 네가 어디로 가든지 너를 지키며 너를 이끌어 이 땅으로 돌아오게 할지라 내가 네게 허락한 것을 다 이루기까지 너를 떠나지 아니하리라 하신지라. 창 28:11-15

야곱은 하나님께서 그에게 주신 꿈을 한순간도 잊지 않고 그 꿈을 붙잡고 살았습니다. 드디어 그가 야곱이 아닌 이스라엘이 되는 것입니다.

요셉

요셉이 꿈을 꾸고 자기 형들에게 말하매 그들이 그를 더욱 미워하였더라 요셉이 그들에게 이르되 청하건대 내가 꾼 꿈을 들으시오 우리가 밭에서 곡식 단을 묶더니 내 단은 일어서고 당신들의 단은 내 단을 둘러서서 절하더이다. 창 37:5-7

요셉은 형들에게 미움을 받아 종으로 팔렸을 때도, 보디발의 집에서 종살이를 할 때도, 모함을 받아 감옥에 던져졌을 때도 이 꿈을 놓시 않았습니다. 힘들고 어려울 때마다 꿈을 붙잡고 위기를 극복하며 앞으로 나아갔습니다.

이와 같이 믿음의 조상들은 하나님이 주신 꿈을 꾸었고, 그 꿈을 기억하고 간직하며 살았습니다. 지금 현재는 힘들고 어렵지만 하나님께서 주신 꿈이 분명히 이루어진다는 믿음으로 위를 바라보며 나아갔습니다. 믿음의 사람은 곧 꿈의 사람들입니다. 그런데 이 꿈과 관련하여 아브라함과 이삭, 야곱, 요셉, 이 네 사람에게 나타난 공통점이 있습니다. 그것은 그들이 위기에 빠졌을 때 꿈이 나타났다는 것입니다.

은사를 발견하게 하는 꿈

다니엘도 예외가 아닙니다. 적국의 포로가 되어 먼 곳으로 끌려갔습니다. 자유를 철저히 유린당했습니다. 신앙의 자유는커녕 먹는 음식조차도 마음대로 할 수 없었습니다. 꿈과 이상, 비전을 가질 수 있는 상황이 아니었습니다. 꿈은커녕 인생 최대의 위기 앞에 서있습니다(단 2:13). 그 위기 상황에서 다니엘에게도 꿈이 나타났습니다.

하나님이 이 네 소년에게 학문을 주시고 모든 서적을 깨닫게 하시고 지혜를 주셨으니 다니엘은 또 모든 환상과 꿈을 깨달아 알더라. 단 1:17

다니엘은 전혀 다른 환경에서 생활해야만 했습니다. 그런데 놀라운 사실은 그곳에서 그곳 학문을 접하고 사람들을 만나는 일련의 과정에서 지금까지 발견하지 못했던 자신의 은사, 즉 꿈을 발견하게 되었다는 것입니다. 그것은 바로 환상과 꿈을 깨달아 아는 은사였습니다.

왕이 그들에게 모든 일을 묻는 중에 그 지혜와 총명이 온 나라 박수와 술객보다 십 배나 나은 줄을 아니라. 단 1:20

위기 앞에서 다니엘은 자기 안 깊숙한 곳에 감춰져 있던, 그래서 지금까지도 몰랐던 재능과 은사, 즉 꿈을 끄집어내서 되살립니다. 다니엘은 드디어 자신이 나아가야 할 길, 장차 해야 할 일을 발견했습니다. 그리고 그 꿈을 점점 키웠습니다. 그리고 그 꿈을 통해서 다니엘은 위기를 극복하고 바벨론의 총리대신이 되며, 개인과 국가, 나아가 인류의 흥망성쇠를 논하는 자리에까지 오르게 됩니다.

이상과 비전이 담긴 꿈

2012년 2월에 하나님의 부르심을 받은 강영우 박사는 일생 동안 꿈을 향해 정진한 사람입니다. 강영우 박사는 십대에 실명을 하고 고아가 되었습니다. 하나밖에 없던 누나를 의지했지만 그 누나도 꽃을 피워 보지 못하고 저 세상으로 떠났습니다. 그때부터 강영우 박사는 소년가장이 되었습니다. 열세 살 동생은 철물점으로, 아홉 살 동생은 보육원으로, 자신은 재활원으로 뿔뿔이 흩어졌습니다.

하지만 어린 소년이었던 강영우 박사는 이 위기의 순간에 자신에게 주신 꿈을 발견했고 그 꿈을 붙잡았습니다. 그리하여 장성한 후에는 미국에서 한국인 최초로 정책차관보라는 정부 고위직에까지 올랐습니다. 《꿈이 있으면 미래가 있다》(생명의말씀사, 2006)는 책에서 그는 이렇게 말합니다. "내가 위기에 섰을 때 하나님이 만일 '예스'(yes)로 내 시력을 회복시켜 주셨다면 아마 나는 공장 노동자 정도로 인생을 끝냈을 것이다. 그런데 하나님은 나에게 시력 대신에 꿈을 주셨다."

버락 오바마 미국 대통령은 흑인 아버지를 둔 혼혈아였습니다. 사실 그만큼 변화무쌍한 이력과 다양한 인종의 가계도를 가진 사람도 드물 것입니다. 물론 오바마 대통령은 혼란스런 청소년기를 보냈습니다. 하지만 그는 아프리카 케냐에 있는 아버지의 무덤 앞에서 자신 안에 있는 꿈을 발견합니다. 그래서 쓴 자서전이 《내 아버지로부터의 꿈》(랜덤하우스코리아, 2007)입니다.

나는 느부갓네살입니까, 다니엘입니까? 하나님이 주신 꿈을 사장(死藏)시켜 버린 채, 꿈을 떠올리려고 해도 떠오르지 않는 상태에 있지는 않습니까? '이건 되겠지?', '이건 내 적성에 맞겠지?' 하고 막연히 생각하며 손을 댔다가 실패하고 좌절하지는 않았습니까? 답답한 마음으로 무엇을 어떻게 해야 할지 몰라 잠 못 이루고 있지는 않습니까?

지금이라도 늦지 않았습니다. 하나님께서 이미 우리에게 분명한 꿈과 비전, 이상을 주셨습니다. 그러니 '왕인가, 주인가? 벨드사살인가, 다니엘인가? 육식인가, 채식인가?' 하는 위기 앞에서 과감하게 주와 다니엘, 채식을 선택하십시오. 하나님이 그런 자에게 꿈을 발견하게 하십니다. 어떤 꿈을 가져야 할지 깨우쳐 주십니다. 하나님의 은혜가 나타납니다. 성령충만함을 입습니다. 그리고 내 곁의 사람과 환경을 통해 은혜를 베푸십니다. 내 꿈을 발견케 하십니다. 꿈을 되살리게 하십니다.

내가 하나님이 주신 꿈을 붙잡고 선택의 기로에서 하나님을 택한다면 내 재능이 무엇인지, 내가 어떤 일을 해야 할지, 내 남편과 자녀, 가정이 어떤 방향으로 나아가야 할지 그분이 가르쳐 주십니다. 아직 인생 끝나지 않았습니다. 잊어버린 꿈을 다시 되살리는 축복이 임할 것입니다. 다니엘의 생애를 붙잡으십시오. 복을 주시는 하나님께서 내 삶을 책임져 주실 것입니다.

다니엘 2:14-18

6
'이에'에는 '이에'로 답하신다

하나님 앞에 '이에' 한다면 하나님은 반드시 '이에'로 답하십니다.
이 믿음을 가진 사람은 삶을 쉽게 포기하지 않습니다.

어두운 사건이 뉴스를 가득 채우던 요즘 모처럼 밝은 뉴스가 날아들었습니다. 암 사망률이 전년보다 0.8퍼센트 줄었다는 소식입니다. 암은 지난 30년간 줄곧 사망 원인 1위를 차지했습니다. 그런데 매년 상승하던 암 사망률(전체 사망자 중 암으로 죽은 사람의 비율)이 처음으로 꺾였다는 것입니다. 물론 암 환자는 여전히 증가하고 있지만 암 조기 발견이 늘고, 치료 기술이 발달하면서 암 사망자는 점점 줄어들었습니다.

한 걸음 사이의 삶과 죽음

하지만 우울한 뉴스는 여전합니다. 43.6명, 이 수치는 지난해 우리

나라의 하루 평균 자살자 수치입니다. 이는 우리나라 인구 10만 명당 33.5명에 해당하는 수치로, 우리나라는 OECD 국가 중 자살률 1위라는 불명예를 10년째 이어가고 있습니다. 그중 젊은층의 자살은 더욱 심각합니다. 연령대별로 보면 십대부터 삼십대까지 가장 활동이 왕성해야 할 시기의 사망 원인 1위도 역시 자살이었습니다. 특히 이십대 사망자 중 절반과 삼십대 사망자의 40퍼센트가 자살로 목숨을 잃었습니다.

사망 원인 순서를 봐도 자살이 전년 8위에서 4위로 가장 큰 폭으로 상승했습니다. 이렇게 젊은이들의 자살 비율이 가파르게 늘고 있습니다. 10년 전과 비교하면 119.9퍼센트 증가한 것입니다. 또 하나 특이한 점은, 남성과 노인의 자살이 눈에 띄게 증가했다는 것입니다.

자살을 한번도 생각하지 않은 사람이 있을까요? 자살 문턱까지 가 본 사람도 많을 것입니다. 죽음의 깊은 골짜기 말입니다. 삶이 송두리째 흔들릴 때, 그래서 삶의 무게가 지탱할 수 없을 정도로 짓눌린다고 생각할 때 그만 끈을 놓아 버리고 싶은 생각이 수없이 들어왔다 나갔다 합니다. 몇 해 전 중국의 유명 배우 장국영이 자기가 살던 아파트 14층에서 뛰어 내렸습니다. 그가 남긴 유서에는 이런 말이 있습니다. "사는 게 의미 있는가? 말해 보라. 네 자신을 속여서라도…." 죽음 앞에서의 절박감에 숙연해집니다. 미국에서 가장 권위 있는 기독교 상담가인 노먼 라이트는 누구라도 고통이 커지면 육체적, 감정적 무질서에 빠지기 마련이라고 분석했습니다. 예외가 없습니다.

그래서 다윗은 사망의 음침한 골짜기를 다닌다고(시 23:4), 나와 사망 사이는 한 걸음뿐이라고(삼상 20:3) 고백하는 것입니다. 우리 모두 외줄타기를 하고 있습니다.

고난의 뒷면

왜 이렇게들 아까운 목숨을 끊을까요? 특히 장래가 촉망되는 청소년들이 왜 그렇게 쉽게 생을 마감하는 것일까요? 다양한 이유들이 있겠지만 학자들은 그 중 첫째가 관계의 문제이고, 그 다음이 스트레스와 우울증, 물질 문제 등이라고 보았습니다. 나름 일리가 있습니다. 그러나 이게 정답일까요? 진정한 원인은 무엇일까요? 그리고 그 해결 방안은 무엇일까요? 도대체 어떻게 이 문제를 극복할 수 있을까요?

여기 다니엘과 그의 친구들이 있습니다. 당시 이들은 어린 나이였습니다. 다니엘의 출생연도는 주전 621년입니다. 그런 그가 주전 605년에 바벨론으로 끌려갔습니다. 다니엘이 포로로 끌려갈 때는 겨우 열여섯 살이었습니다. 그리고 그곳에서 3년 과정의 바벨론화 교육을 철저히 받았습니다(단 1:5-16). 그러던 중 느부갓네살 왕 2년에 꿈 사건이 터집니다. 여기 등장하는 다니엘의 세 친구들도 그와 비슷한 연령대가 아니었나 생각합니다.

스무 살도 채 되지 아니한 소년들이 조국이 망해서 적국의 포로가 되어 먼 나라로 끌려갔습니다. 그들 앞에 '왕인가, 주인가? 벨드사살인가, 다니엘인가? 육식인가, 채식인가?'를 선택해야 하는 압박이 주어집니다. 이 선택은 삶과 죽음을 결정하는 것입니다. 포로에게는 자유가 없습니다. 하지만 다니엘과 그의 친구들은 과감하게 주와 주님의 이름, 채식을 선택했습니다.

그러면 그 다음에는 어떤 이야기가 이어져야 할까요? 우리 예상대로라면 일이 잘 풀리고 형통의 축복을 받는 이야기가 이어져야 합니다. 그런데 오히려 더 큰 악재가 터집니다. 느부갓네살의 꿈 사건으로 지혜자들이 목숨을 잃게 되었습니다. 다니엘도 예외가 아니었습니다.

왕의 명령이 내리매 지혜자들은 죽게 되었고 다니엘과 그의 친구들도 죽이려고 찾았더라. 단 2:13

위기입니다. 죽음의 그림자가 찾아왔습니다. 다시 헤어날 수 있는 방법이 없습니다. 느부갓네살의 칼날을 어떻게 피할 수 있단 말입니까. 사람들이 이런 막다른 골목에 들어서면 죽음을 택합니다. 사울이 블레셋과의 전투에서 패했습니다. 적들은 쫓아오는데 중상까지 입었습니다. 그때 그는 무엇을 택했습니까?

그가 무기를 든 자에게 이르되 네 칼을 빼어 그것으로 나를 찌르라 할례 받지 않은 자들이 와서 나를 찌르고 모욕할까 두려워하노라 하나 무기를 든 자가 심히 두려워하여 감히 행하지 아니하는지라 이에 사울이 자기의 칼을 뽑아서 그 위에 엎드러지매 무기를 든 자가 사울이 죽음을 보고 자기도 자기 칼 위에 엎드러져 그와 함께 죽으니라. 삼상 31:4-5

엘리야도 지금 쫓기고 있습니다. 엘리야를 쫓는 아합과 이세벨은 엘리야를 죽이겠다고 덤벼듭니다. 엘리야는 막다른 골목에 이르렀습니다. 그때 엘리야는 죽음을 택했습니다.

그가 이 형편을 보고 일어나 자기의 생명을 위해 도망하여 유다에 속한 브엘세바에 이르러 자기의 사환을 그 곳에 머물게 하고 자기 자신은 광야로 들어가 하룻길쯤 가서 한 로뎀 나무 아래에 앉아서 자기가 죽기를 원하여 이르되 여호와여 넉넉하오니 지금 내 생명을 거두시옵소서 나는 내 조상들보다 낫지 못하니이다 하고. 왕상 19:3-4

예수님을 은 삼십에 팔았던 가룟 유다 역시 최후에 죽음을 택했습니다.

유다가 은을 성소에 던져 넣고 물러가서 스스로 목매어 죽은지라. 마 27:5

다니엘 역시 이들과 똑같은 상황에 처했습니다. 그런데 다니엘은 그 상황에서 어떤 태도를 취합니까?

> 왕의 근위대장 아리옥에게 물어 이르되 왕의 명령이 어찌 그리 급하냐 하니 아리옥이 그 일을 다니엘에게 알리매 다니엘이 들어가서 왕께 구하기를 시간을 주시면 왕에게 그 해석을 알려 드리리이다 하니라.
> 단 2:15-16

다니엘은 이 급박한 상황에서 명철하고 지혜로운 말로, 시간을 주면 왕에게 그 해석을 알려 주겠다고 요청합니다. 박사와 술객들을 향하여 시간을 지연시키려 한다고 윽박지르던 왕을 향하여 말입니다(단 2:8). 다니엘은 위기 앞에서 조금도 두려워하거나 당황하는 기색이 없습니다. 어떻게 이런 말과 행동이 나올 수 있었을까요?

우리는 바로 앞 장에서 두 부류의 사람을 살펴봤습니다. 하나는 느부갓네살처럼 하나님이 주신 꿈을 잊어버리고 되살리지 못하는 사람입니다. 물론 여기에서 꿈은 요엘 2장의 말씀대로 장래 일을 말하는 예언과 환상, 비전을 포함하는 넓은 의미입니다. 그 꿈을 잊은 채 살아가는 사람들이 있습니다. 내가 살아있다는 것은 곧 꿈을 가지고 있다는 뜻입니다.

또 하나는, 다니엘처럼 잊었던 꿈을 되살리는 사람입니다. 다니엘은 처음에는 자신의 은사와 자신이 나아가야 할 방향, 비전을 발견하지 못했습니다. 그도 그럴 것이 다니엘은 지금 꿈을 꿀 환경도 아닐뿐

더러 나이도 어렸습니다. 그런데 고난과 위기의 과정을 거치면서 놀랍게도 자신 안에 숨겨져 있던, 그래서 잊혀져 있던 꿈을 발견하고 되살리게 됩니다. 그것은 고난이라는 과정을 통해 하나님이 주신 은혜요 선물이었습니다. 다니엘의 꿈과 은사는 무엇이었습니까?

> 하나님이 이 네 소년에게 학문을 주시고 모든 서적을 깨닫게 하시고 지혜를 주셨으니 다니엘은 또 모든 환상과 꿈을 깨달아 알더라. 단 1:17

다니엘은 하나님이 환상과 꿈을 깨달아 아는 특별한 은사를 주셨음을 깨달았습니다. 그리고 그 은사를 활용하는 방향으로 나가기로 결심했습니다. 한 걸음 더 나아가 모든 사건에는 양면이 있으며, 특히 고난은 은혜의 다른 면을 가지고 있다는 귀한 진리를 깨달았습니다.

'이에'로 응답하시는 하나님

그러던 어느 날 사건이 터졌습니다. 느부갓네살의 꿈 사건입니다. 그때 다니엘은 지난날 깨달았던 소중한 진리를 떠올립니다. 바로 양면의 진리입니다. 다니엘은 이번 사건에서도 분명 또 다른 한 면이 있다는 것을 알았습니다. 이번에 찾아온 위기와 고난이 크고 깊다 할지라도 분명 다른 면이 있음을 믿었습니다. 그래서 절체절명의 위기 앞에서도 당황하거나 누굴 원망하지 않았습니다. 지레 겁을 먹고 자신의 삶을 포기하는 일은 하지 않았습니다. 다니엘이 어떤 행동을 취하는지 보십시오.

> 이에 다니엘이 자기 집으로 돌아가서 그 친구 하나냐와 미사엘과 아사랴에게 그 일을 알리고 하늘에 계신 하나님이 이 은밀한 일에 대하여 불쌍히 여기사 다니엘과 친구들이 바벨론의 다른 지혜자들과 함께 죽임을 당하지 않게 하시기를 그들로 하여금 구하게 하니라. 단 2:17-18

여기서 먼저 눈여겨보아야 할 것은 "자기 집으로 돌아가서"라는 표현입니다. 집이 어디일까요? 단순히 먹고 자고 쉬는 자기 집일까요?

> 다니엘이 이 조서에 왕의 도장이 찍힌 것을 알고도 자기 집에 돌아가서는 윗방에 올라가 예루살렘으로 향한 창문을 열고 전에 하던 대로 하루 세 번씩 무릎을 꿇고 기도하며 그의 하나님께 감사하였더라. 단 6:10

다니엘이 총총 걸음으로 간 곳은 단순히 집이 아니었습니다. 그곳은 기도의 장소였습니다. 다니엘은 기도의 장소를 찾았습니다.

두 번째로 생각할 것은 "그가 집으로 돌아가서"라는 구절입니다. 이 말씀은 다니엘이 혼자 기도하지 않았다는 것을 뜻합니다. 그곳에는 기도의 동지들이 있었습니다. 다니엘은 기도의 동지들과 함께 기도 제목을 나누며 기도했습니다.

> 이에 다니엘이 자기 집으로 돌아가서 그 친구 하나냐와 미사엘과 아사랴에게 그 일을 알리고. 단 2:17

여기 17절에서 다니엘의 "이에"에는 무엇이 담겨 있습니까?
첫째, 다니엘은 문제를 안고 기도의 장소로 나아갔습니다.
둘째, 다니엘은 문제를 안고 기도의 동역자들에게 갔습니다.
셋째, 다니엘은 문제를 안고 하나님 앞에 나아갔습니다.
다니엘은 이 위기에는 반드시 뒷면이 있으며 그 쪽을 보여 주실 분이 하나님이심을 알았습니다. 그리하여 하나님께 기도로 구했습니다. 그때 어떤 일이 일어났는지 보십시오.

> 이에 이 은밀한 것이 밤에 환상으로 다니엘에게 나타나 보이매 다니엘이 하늘에 계신 하나님을 찬송하니라. 단 2:19

본문을 자세히 보십시오. 다니엘이 "이에"로 시작하자(단 2:17), 하나님이 "이에"로 답하십니다(단 2:19).
구체적으로 19절의 "이에"는 다음과 같은 의미입니다.
첫째, 가장 적절한 때를 의미합니다.
둘째, 가장 적절한 방법을 의미합니다.

셋째, 가장 적절한 축복을 의미합니다.

'이에'에는 반드시 '이에'로 답하시는 분이 하나님이십니다. 다른 한 면을 반드시 보여 주시는 분이 하나님이십니다. 어떤 사건이든지 그 사건에는 항상 양면이 있음을 믿는다면, 그래서 하나님 앞에 '이에' 한다면 하나님은 반드시 '이에'로 답하십니다. 이 믿음을 가진 사람은 삶을 쉽게 포기하지 않습니다. 절대로 스스로 목숨을 끊지 않습니다.

고난에 숨은 하나님의 축복

그런데도 사람들이 목숨을 끊는 이유가 무엇일까요? 고난에는 양면이 있다는 사실을 알지 못하기 때문입니다. 《With You 당신에게 힘이 될게요》(손경미, 생명의말씀사, 2012)라는 책이 있습니다. 이 책의 저자인 손경미 씨는 유방암으로 4년간 여섯 번의 수술을 받았고 지금은 수술할 수도 없는 뇌종양으로 고통 받으면서도 암 환자를 돕는 환우회에서 활동하고 있습니다. 손경미 씨는 지난 2003년에 오른쪽 늑골 아랫부분에 딱딱한 무언가가 잡혀 병원에 갔다가 유방암 판정을 받았습니다. 평범한 일상은 하루아침에 바뀌었습니다. 항암 치료가 시작되자 치렁지렁했던 머리카락과 눈썹이 모두 빠지고 죽음의 그림자가 짙게 드리웠습니다.

손경미 씨는 왜 자신에게 이런 시련이 닥쳤는지 알고 싶었습니다. '이에' 하나님 앞에 엎드렸습니다. 그러자 하나님이 '이에' 응답하셨습니다.

"너에게 시간이 얼마나 주어졌는지 중요한 것이 아니다. 네가 누구를 위해서 무엇을 하며 살지에 초점을 맞추라."

손경미 씨는 자신의 고통이 또 다른 고통을 치유하는 힘이 된다는 것을 경험했습니다. 여섯 번째 항암 치료를 받던 날, 자궁암으로 입원한 삼십대 초반의 여성을 만났습니다. 온몸에 암세포가 퍼진 절망의 상태였습니다. 손경미 씨는 그 여성에게 편지를 썼습니다. "나도 암 환자입니다. 절대 포기하면 안 됩니다. 당신에게 힘이 되고 싶어요." 이 일이 계기가 되어 많은 사람들이 자원해서 환자에게 편지를 쓰기 시작했습니다. 그것이 '아시안 암 환우회'의 시작이었습니다.

"내가 단지 암 환자라는 사실 때문에 다른 암 환자에게 다가가 진실한 소통을 하며 위로를 줄 수 있다는 사실이 경이로웠습니다. '내가 암 환자인데요, 지금 나도 죽을 것 같은데요, 그런데 당신을 위해 기도해 주고 싶어요'라고 울며 이야기하면 사람들이 마음을 열고 받아들였습니다. 아, 이것이 내 사명이구나. 하루를 살더라도 하나님께 쓰임 받는다면 정말 기쁜 일이잖아요." 이렇게 말하는 손경미 씨의 생명을 하나님은 10년 이상 이어 주고 계십니다.

미국 시골의 한 통나무집에 병약한 남자가 홀로 살고 있었습니다. 어느 날 비가 억수같이 쏟아지더니 산사태가 났습니다. 가까스로 집이 흙더미에 묻히지는 않았지만 큰 바위 하나가 집 앞을 가로막아 버렸습니다. 큰 바위가 있어 출입이 불편하고 시야는 어두웠으며 햇볕이 들지 않아 불편했습니다. 그 남자는 방법을 찾다가 하나님 앞에 기도했습니다. 그러자 하나님이 말씀하셨습니다. "사랑하는 아들아, 그 바위를 매일 밀어라." 그때부터 그는 매일 바위를 밀기 시작했습니다. 하지만 그렇게 한 지 8개월이 되자 점점 회의가 생겼습니다. 줄자로 측량해 보니 바위는 1센티미터도 옮겨지지 않았습니다. 그 남자는 낙담하며 엉엉 울었습니다. 그때 하나님께서 찾아와 곁에 앉으며 물으셨습니다. "왜 우니?" "하나님 때문입니다. 매일 바위를 밀었지만 아무것도 변하지 않습니다. 꿈쩍도 하지 않습니다." "난 네게 바위를 옮기라고 한 적이 없다(to move the rock). 그냥 바위를 밀라고 했을 뿐이다(to push against the rock). 집에 들어가 거울을 보렴."

거울 앞으로 다가간 그 남자는 깜짝 놀랐습니다. 거기에 근육질의 남자가 서 있는 것이 아닙니까. 그러고 보니 지금까지 콜록콜록하던 기침도 하지 않고, 잠도 깊게 자고, 밥도 맛있게 먹고, 매일 기분도 상쾌한 상태로 변해 있었습니다. 하나님의 계획은 바위의 위치를 변화시키는 것이 아니라 그를 변화시키는 것이었습니다. 바위를 옮겼기 때문이 아니라 바위를 밀었기 때문에 그런 변화가 일어났습니다.

우리 앞에는 수많은 큰 바위와 태산이 가로 놓여 있습니다. 더는 삶을 이어갈 수 없는 난관에 봉착할 때도 많습니다. 그래서 '이제 이 삶을 끝내 버리자' 하는 생각이 들 때도 많습니다. 하지만 그 힘들고 어려운 상황에도 다른 면이 있습니다. 동전과 얼굴, 손바닥에 앞뒷면이 있는 것처럼 위기와 고난에도 완전히 다른 면이 있습니다. 절망스런 순간의 반대쪽 면이 내 앞에 펼쳐지길 원합니까? 그 면이 어떤 면인지 보고 싶습니까?

진정 그렇다면, 하나님 앞에 엎드리십시오. '이에' 하는 것입니다. '이에' 하는 자에게 하나님은 반드시 '이에' 하십니다. 그래서 다른 면을 펼쳐 보이십니다. 가장 적절한 때, 가장 적절한 방법으로, 가장 적절한 축복을 내리십니다. 그래서 오히려 전화위복의 놀라운 복을 누리는 복된 주인공이 될 것입니다.

하나님의 그때를 바라보면서, 하나님의 그 방법을 기대하면서, 하나님의 그 복을 미리 내다보면서, 하나님 앞에 선 다니엘처럼 하나님 전에 나아가 '이에' 하십시오. 하나님께서 '이에' 답하십니다.

다니엘 2:19-25

7
'이에' 이후에 또 '이에' 하라

다니엘은 우선순위가 분명했습니다. 기도에 응답하신 하나님을 찬양하고
그분의 이름을 높이며 감사했습니다. 다니엘은 언제나 하나님이 먼저였습니다.

우리는 한반도라는 작은 땅 덩어리에 옹기종기 모여 살고 있습니다. 하지만 지역마다 특성이 있고, 사투리도 있습니다. 그 옛날 구약시대에도 마찬가지였습니다. 성경을 대할 때 우리는 바로 이점을 놓치지 말아야 합니다.

사람들은 성경이 보통 구약은 히브리어, 신약은 헬라어로 쓰였다고 생각합니다. 그러나 사실은 그렇지 않습니다. 성경은 히브리어와 헬라어, 그리고 아람어로 쓰였습니다. 다니엘서는 아람어로 쓰인 책입니다. 정확히 말하면 다니엘서 전부가 아람어로 쓰인 것은 아닙니다. 다니엘서 12장 중 다니엘 2장 4절 후반부터 7장 28절까지만 아람어로 쓰였습니다. 아람어는 어떤 언어일까요? 왜 하필 이 부분만 아람어

로 쓰였을까요?

아람어의 '이에'

성경에서 '아람'이란 말이 제일 처음 등장하는 곳은 창세기입니다. 창세기 10장을 보면, 노아와 그 자손들의 족보가 줄줄이 이어지는데 셈의 후예 중에 아람이 등장합니다.

> 셈의 아들은 엘람과 앗수르와 아르박삿과 룻과 아람이요. 창 10:22

그렇다면 아람어가 성경에 처음으로 등장하는 대목은 어디일까요? 창세기 31장 47절에 두 고유 명사(지명)가 등장합니다. 야곱과 라반이 일종의 평화 조약을 맺고 상대방의 영역을 인정한다는 것을 서약하는 대목입니다. 라반은 아람 지역에 남고 야곱은 (히브리어가 쓰이는) 가나안으로 옵니다. 야곱과 라반이 돌무더기 곁에서 먹고 서로 각자의 언어로 명명하는 대목입니다.

> 라반은 그것을 여갈사하두다라 불렀고 야곱은 그것을 갈르엣이라 불렀으니. 창 31:47

동일한 지명을 놓고 라반과 야곱이 서로 다른 명칭을 붙입니다. '서

약의 돌무더기'를 라반은 아람어로, 야곱은 히브리어로 말했습니다. 그 이후 야곱, 즉 이스라엘인들은 가나안 지역에서 히브리어를 말하면서 수세기 동안 살아왔습니다. 그런데 갑자기 아람어가 고대 중근동에서 공용어로 부상합니다. 왜 그랬을까요? 아람어를 사용하는 민족이 강성하여 당시 중동 전체를 지배했기 때문입니다.

지금 미국의 언어인 영어가 세계 공용어로 쓰이고 있는 것과 같습니다. 당시 세계를 지배했던 나라가 바벨론입니다. 이 바벨론의 공용어가 바로 아람어였습니다. 아람어를 말하는 외국 관리들은 히브리인들을 문화적, 사상적으로 경멸하거나 그들의 민족적 의지를 꺾기 위해 공용어 아람어를 강요하지 않았습니다. 오히려 자신들이 직접 히브리어를 구사했습니다.

열왕기하 18장 17-37절에 보면 주전 704-681년 산헤립 재위 시절, 예루살렘이 포위됩니다. 앗수르 왕이 랍사게를 통해 이스라엘 왕 히스기야에게 했던 아람어가 소개되고 있습니다. 그러다가 주전 587년 경, 예루살렘과 성전이 느부갓네살 하의 바벨론 군에 파괴되면서 바벨론 유수(幽囚)가 시작됩니다. 바벨론이 공용어로 쓰던 그 아람어로 본문이 기록되어 있습니다.

아람어도 나름의 특징이 있을 것입니다. 본문을 유심히 살피면 즐겨 등장하는 단어가 하나 있습니다. '이에'라는 단어입니다(단 2:17, 19, 24, 25). 이 단어는 다니엘 2장 46절, 3장 3절에서도 발견할 수 있습니다. 이 단어에는 어떤 의미가 있을까요?

사건과 말씀의 연결고리, '이에'

'이에'(אֱדַיִן, 에다인)라는 아람어는 기원과 의미가 불분명하면서도, 대단히 다양한 의미로 사용되었습니다. 사투리인 '거시기'와 같다고 보면 됩니다. 그래서 아람어로 쓰인 본문에 여러 번 등장하는 것입니다. 하지만 이 단어를 굳이 번역하면 '그때에, 이후에, 그 후 곧, 그때부터'라는 뜻으로, 문맥의 흐름을 잡고 이어 주는 중요한 접속사 역할을 합니다. 그러므로 다니엘서를 읽으면서, 특히 아람어로 쓰인 부분을 다룰 때는 이 단어를 놓치지 말아야 합니다.

그래서 지난 장에서 "'이에'에는 '이에'로 답하신다"는 제목으로 본문을 다루었습니다(단 2:17,19). 이번 장의 제목은 "'이에' 이후에 또 '이에' 하라"입니다. 왜냐하면 '이에'라는 단어가 연결고리 역할을 하면서 계속 문장과 문장, 사건과 사건을 쉴 새 없이 잇고 있기 때문입니다.

다니엘 2장 19절의 "이에"를 주목하십시오. 하나님의 '이에'가 나타났습니다. 적절한 때, 적절한 방법, 적절한 축복의 '이에'입니다. 구체적으로 어떤 일이 나타났을까요?

> 이에 이 은밀한 것이 밤에 환상으로 다니엘에게 나타나 보이매…. 단 2:19

이 말씀에서 "이 은밀한 것"은 구체적으로 느부갓네살이 밤에 꾸었던 꿈을 뜻합니다. 분명히 꾸었으나 아무리 떠올리려고 애써도 안 되는 그 꿈입니다. 한 걸음 더 나아가 "이 은밀한 것"은 그 꿈의 의미가 무엇인지를 밝히 알 수 있는 놀라운 사실을 뜻하기도 합니다. 다니엘은 이것을 놓고 기도했습니다. 그리고 드디어 기도의 응답이 나타났습니다. 죽음의 위기에서 벗어날 수 있는 방안이 생긴 것입니다. 그렇게도 소원하는 문제가 해결되었습니다.

다니엘의 '이에'

이럴 때 사람들은 대체적으로 어떤 반응을 보일까요? 누가복음 17장 11절 이하에 보면 나병을 앓고 있던 열 사람의 이야기가 나옵니다. 그 열 명의 나병 환자들은 모두 깨끗함을 받았습니다. 그야말로 경이로운 일이 그들에게 일어난 것입니다. 그때 그 나병 환자들은 어떻게 했습니까? 그들 중 아홉은 한 마디 감사 인사도 없이 떠나버렸습니다.

> 예수께서 대답하여 이르시되 열 사람이 다 깨끗함을 받지 아니하였느냐 그 아홉은 어디 있느냐. 눅 17:17

사도행전 12장에 보면, 감옥에 갇힌 베드로를 위해 성도들이 함께 모여 간절히 기도했습니다. 하나님은 그 기도를 들으시고 베드로를 옥에서 마가 요한의 다락방으로 이끄셨습니다. 베드로가 그곳으로 가 문을 두드리자 로데라는 여자아이가 나왔습니다. 그러나 로데는 베드로를 보고서는 그 일을 행하신 하나님, 기도를 들으신 하나님께 감사하고 찬양하기는커녕, 문을 열어 베드로를 영접할 생각도 미쳐하지 못한 채, 방안의 사람들에게 달려갔습니다(행 12:13).

이게 사람들의 일반적인 반응입니다. 더군다나 다니엘은 분초를 다투는 상황에 처해 있었습니다. 이 환상이 나타나지 않으면 죽을 수밖에 없었습니다. 말 한 마디만 해도 시간을 지연하려는 '꼼수'를 부린다고 왕이 호통을 치며 다그치는 상황이었습니다. 그런데 이런 상황에서 다니엘은 어떻게 행동합니까?

19절 하반절은 이렇게 시작합니다. "다니엘이 하늘에 계신 하나님을 찬송하니라." 그리고 20절에 이렇게 이어집니다.

> 다니엘이 말하여 이르되 영원부터 영원까지 하나님의 이름을 찬송할 것은 지혜와 능력이 그에게 있음이로다. 단 2:20

이 20절에 주목하십시오. 한국어 성경은 "다니엘이 말하여"로 시작됩니다. 아람어 원문에는 그 앞에 'דִּי'(디)라는 대단히 중요한 접속사가 있는데, 번역자들이 이를 간과해 버렸습니다. 이 단어의 뜻은 '그 때에, 그러자'입니다. 그러므로 이 단어도 '이에'로 번역해야 합니다. 이 단어는 하나님의 '이에' 이후에 다니엘이 다시 '이에' 하고 있음을 상기합니다. 다니엘의 '이에'는 어떤 '이에'입니까?

첫째, 다니엘은 하나님을 찬양합니다(19절).

이에 이 은밀한 것이 밤에 환상으로 다니엘에게 나타나 보이매 다니엘이 하늘에 계신 하나님을 찬송하니라. 단 2:19

둘째, 다니엘은 하나님의 이름을 높이고 드러냅니다. 다니엘은 이렇게 말합니다.

다니엘이 말하여 이르되 영원부터 영원까지 하나님의 이름을 찬송할 것은 지혜와 능력이 그에게 있음이로다 그는 때와 계절을 바꾸시며 왕들을 폐하시고 왕들을 세우시며 지혜자에게 지혜를 주시고 총명한 자에게 지식을 주시는도다 그는 깊고 은밀한 일을 나타내시고 어두운 데에 있는 것을 아시며 또 빛이 그와 함께 있도다. 단 2:20-22

셋째, 다니엘은 하나님께 감사합니다.

나의 조상들의 하나님이여 주께서 이제 내게 지혜와 능력을 주시고 우리가 주께 구한 것을 내게 알게 하셨사오니 내가 주께 감사하고 주를 찬양하나이다 곧 주께서 왕의 그 일을 내게 보이셨나이다 하니라. 단 2:23

자신 안에 놀라운 일이 일어났을 때, 기도의 소원이 응답되었을 때, 다니엘은 어떻게 행동합니까? 하나님의 '이에'에 다니엘은 다시 '이에'

했습니다. 17절의 '이에'와는 다른 '이에'입니다. 다니엘은 당연히 생사여탈권을 쥐고 있는, 분초를 따지며 초조하게 소식을 기다리고 있는 느부갓네살 왕에게 달려가야 했습니다. 하지만 놀랍게도 다니엘은 느부갓네살을 찾지 않습니다. 하나님께 먼저 달려가 하나님의 얼굴을 뵙기 원합니다. 하나님께 나아가서 찬양과 영광, 감사의 행동을 취합니다.

자기가 아닌, 하나님을 높이는 다니엘

다니엘은 우선순위가 분명했습니다. 기도에 응답하신 하나님을 찬양하고 그분의 이름을 높이며 감사했습니다. 다니엘은 조금도 조급해하지 않았습니다. 다니엘은 언제나 항상 사람이 아닌, 하나님이 먼저였습니다. 다니엘의 이런 태도는 일관성 있게 이어집니다. 그 다음에 연속적으로 등장하는 '이에'를 보십시오.

> 이에 다니엘은 왕이 바벨론 지혜자들을 죽이라 명령한 아리옥에게로 가서 그에게 이같이 이르되 바벨론 지혜자들을 죽이지 말고 나를 왕의 앞으로 인도하라 그리하면 내가 그 해석을 왕께 알려 드리리라 하니 이에 아리옥이 다니엘을 데리고 급히 왕 앞에 들어가서 아뢰되 내가 사로잡혀 온 유다 자손 중에서 한 사람을 찾아내었나이다 그가 그 해석을 왕께 알려 드리이다 하니라. 단 2:24-25

다니엘은 조급하지 않았으나, 아리옥은 무척이나 조급합니다(단 2:25). 자칫하면 자신의 생명도 위태했기 때문입니다. 느부갓네살도 마찬가지였습니다(단 2:8, 15).

> 왕이 대답하여 벨드사살이라 이름한 다니엘에게 이르되 내가 꾼 꿈과 그 해석을 네가 능히 내게 알게 하겠느냐 하니. 단 2:26

그런데 그 왕 앞에 선 다니엘은 이야기를 꺼내다 말고 다시 하나님 이야기로 돌아갑니다. 하나님을 높입니다. 하나님을 소개합니다.

> 오직 은밀한 것을 나타내실 이는 하늘에 계신 하나님이시라 그가 느부갓네살 왕에게 후일에 될 일을 알게 하셨나이다 왕의 꿈 곧 왕이 침상에서 머리 속으로 받은 환상은 이러하니이다. 단 2:28

29절과 30절에도 보면 이런 다니엘의 태도가 계속 이어지고 있습니다. 지엄하신 왕 앞에서 이야기를 하다 말고, 하나님을 높이는 다니엘의 모습에서 무엇을 느낍니까? 계속 이어지는 다니엘 2장 44-45절을 보십시오.

> 이 여러 왕들의 시대에 하늘의 하나님이 한 나라를 세우시리니 이것은 영원히 망하지도 아니할 것이요 그 국권이 다른 백성에게로 돌아

가지도 아니할 것이요 도리어 이 모든 나라를 쳐서 멸망시키고 영원히 설 것이라 손대지 아니한 돌이 산에서 나와서 쇠와 놋과 진흙과 은과 금을 부서뜨린 것을 왕께서 보신 것은 크신 하나님이 장래 일을 왕께 알게 하신 것이라 이 꿈은 참되고 이 해석은 확실하니이다 하니. **단 2:44-45**

다니엘은 환상에 대한 이야기를 끝내면서 자기를 드러낼 수 있는 기회에 하나님을 드러내고 높입니다. 이렇게 다니엘은 하나님으로 시작하여, 하나님으로 이어가며, 하나님으로 대화를 끝냅니다. 다니엘은 분명히 자기 입으로 느부갓네살이 밤에 무슨 꿈을 꾸었는지, 그리고 그 꿈의 의미가 무엇인지 해석해 주었습니다. 그러면서 그런 능력이 하나님에게서 말미암았다는 것을 강조하고 밝히 드러냅니다.

다니엘은 자기의 특별한 능력과 은사를 자랑하는 대신 하나님의 능력과 은혜를 강조합니다. 그냥 형식적으로 하는 말이 아닙니다. 충심 어린 마음으로 하나님을 높이기 원하는 다니엘의 모습을 충분히 읽을 수 있습니다.

그러나 내가 나 된 것은 하나님의 은혜로 된 것이니 내게 주신 그의 은혜가 헛되지 아니하여 내가 모든 사도보다 더 많이 수고하였으나 내가 한 것이 아니요 오직 나와 함께 하신 하나님의 은혜로라. **고전 15:10**

이런 다니엘에게 하나님은 계속적으로 역사하십니다. 그보다 더 신비롭고 은밀한 일을 보고 깨달을 수 있도록 하십니다. 뿐만 아니라 그를 높이십니다.

> 왕이 이에 다니엘을 높여 귀한 선물을 많이 주며 그를 세워 바벨론 온 지방을 다스리게 하며 또 바벨론 모든 지혜자의 어른을 삼았으며. 단 2:48

'이에' 이후에 또 '이에' 하는 사람

이와 같은 다니엘의 태도를 한마디로 요약한다면, 그는 '이에' 이후에 '이에' 하는 사람입니다. 하나님 앞에서, 사람 앞에서 '이에' 하는 사람입니다. 아리옥 장군 앞에서, 느부갓네살 왕, 즉 사람에게까지 '이에' 합니다. 자신의 능력이 아니라 하나님의 능력으로 은밀한 일을 알게 되었다는 것을 솔직하게 드러냅니다. 사람 앞에서도 하나님을 드러내고 있다는 말입니다.

그런데 사람 앞에서는 하나님을 부끄러워하며 드러내지 못하는 자들이 있습니다. 아니 은근히 자신이 그런 능력과 은사가 있음을 과시하려는 자들이 있습니다. 하나님은 사람 앞에서 하나님이 영광 받으시기를 원하십니다.

다니엘은 자신이 대단한 사람인 것처럼 위장하지 않았습니다. 자신이 가지고 있는 것은 다 하나님이 주신 것이라고 솔직하게 고백했습니다. 하나님은 이런 모습을 귀하게 여기고 기뻐하셨습니다. 지금 내가 가지고 있는 것은 무엇입니까? 그것은 누가 주신 것입니까? 누구로 말미암아 지금 그것을 누리고 있습니까?

하나님이 주신 것을 마치 내가 노력하고 애써서 취한 것인양, 하나님의 것을 내 것인양 하는 것은 하나님의 마음을 섭섭하게 하는 일입니다. 하나님은 그분이 주셨음을 솔직하게 인정하는 자를 기뻐하십니다. 그런 사람에게는 더 큰 것을 허락하십니다.

다니엘은 느부갓네살의 꿈만 해석하고 끝나지 않았습니다. 다니엘은 느부갓네살 개인과 바벨론이라는 한 나라에 대한 환상에 그친 것이 아니라, 이 세상의 미래와 종말까지 환상으로 보고 꿈꾸고 말하는 자가 되었습니다. 그 출발점이 바로 이번 장의 성경 본문입니다.

첫 단추를 잘 끼워야 합니다. 하나님은 이런 자에게 계속적인 은혜를 베풀어 주십니다. 은총을 입었는데 하나님을 잊어버리고 자기를 높이려 하는 자들은 하나님께서 그 다음에 함께하지 않으십니다. 더는 은혜를 베풀지 않으십니다. 그것으로 끝입니다. 하나님은 그분을 가장 우선순위에 두는 자를 기뻐하십니다.

하나님이 받으셔야 할 영광을 하나님께로 돌리지 않은 헤롯의 종말은 비참했습니다.

헤롯이 영광을 하나님께로 돌리지 아니하므로 주의 사자가 곧 치니

벌레에게 먹혀 죽으니라. 행 12:23

나는 어떠합니까? 혹시 누가복음 12장에 등장하는 '밭에 소출이 풍성했던 사람'처럼 행동하면서 나를 내세우지는 않습니까?

나의 계명을 지키는 자라야 나를 사랑하는 자니 나를 사랑하는 자는 내 아버지께 사랑을 받을 것이요 나도 그를 사랑하여 그에게 나를 나타내리라. 요 14:21

'이에' 이후에 '이에' 하는 자들이 되십시오. 하나님을 찬양하고, 하나님의 이름을 높이고, 하나님께 감사하십시오. 이런 자에게 하나님께서 또 '이에' 해주십니다.

다니엘 2:46-49

8
또 '이에' 하면 하나님도 '이에'로 응답하신다

하나님은 더 큰 것을 예비해 놓고 계십니다. '이에'에 다시 한 번 '이에' 하십시오.
적극적으로 축복의 주인공이 되십시오.

　우리나라의 민족 명절은 설날과 추석이 대표적입니다. 그 중에서도 추석이 가장 넉넉하고 풍성한 것 같습니다. 추석은 가을이라 날씨도 좋고 먹을거리도 풍성합니다. "더도 말고 덜도 말고 한가위만 같아라"는 속담도 있을 정도입니다. 추석이면 사람들은 그리움과 사랑, 정성껏 준비한 선물을 가지고 고향을 찾습니다. 민족대이동이 일어나 고속도로는 마비되고 서울은 한산해집니다. 사람들은 부모님과 형제자매를 만나 정을 나누고 사랑과 희망을 가득 안고 다시 생활터전으로 돌아옵니다.

갈 수 없는 고향을 향한 그리움

하지만 명절에 이런저런 사정으로 고향을 찾지 못하는 사람들도 있습니다. 그중에서도 특히 이북에 고향을 둔 사람들은 명절이 되면 고향에 대한 애절함이 더욱 가득할 것입니다. 공휴일을 맞아 교역자들과 자전거를 타고 문산역까지 다녀왔습니다. 편도 55킬로미터 정도의 거리였습니다. 가는 길에 헤이리 옆을 지나니 동화경모공원이 나왔습니다.

이 공원은 이북에 고향을 둔 사람들만 들어갈 수 있는 곳입니다. 통일이 되겠거니, 고향에 갈수 있으려니 하고 기다리다가 세상을 떠난 분들이 잠든 곳입니다. 이른 아침이었지만 많은 추모객들이 공원을 뒤덮고 있었습니다. 고향을 지척에 두고 임진각과 통일전망대, 그리고 공동묘지에서 고향을 바라보는 사람들의 심정은 말로 형용할 수 없을 만큼 안타까울 것입니다. 그래서 국토해양부는 '브이월드'(www.vworld.kr)를 통해 북한 전 지역을 자세하게 볼 수 있는 위성 영상 지도를 무료로 제공하고 있습니다.

이북이 고향인 사람들은 명절이나 고향이 생각나는 날이면 시편 137편을 묵상하기 바랍니다. 왜냐하면 시편 137편은 고향에 가려야 갈 수 없었던 백성이 고향을 그리워하며 읊은 시이기 때문입니다.

우리가 바벨론의 여러 강변 거기에 앉아서 시온을 기억하며 울었도다 그 중의 버드나무에 우리가 우리의 수금을 걸었나니 이는 우리를 사로잡은 자가 거기서 우리에게 노래를 청하며 우리를 황폐하게 한 자가 기쁨을 청하고 자기들을 위하여 시온의 노래 중 하나를 노래하라 함이로다 우리가 이방 땅에서 어찌 여호와의 노래를 부를까 예루살렘아 내가 너를 잊을진대 내 오른손이 그의 재주를 잊을지로다. 시 137:1-5

본문에 등장하는 다니엘도 그 중 한 사람이었습니다.

다니엘이 이 조서에 왕의 도장이 찍힌 것을 알고도 자기 집에 돌아가서는 윗방에 올라가 예루살렘으로 향한 창문을 열고 전에 하던 대로 하루 세 번씩 무릎을 꿇고 기도하며 그의 하나님께 감사하였더라. 단 6:10

"예루살렘으로 향한 창문을 열고"라는 구절을 보십시오. 다니엘이 단지 예루살렘에 있는 성전만 그리워한 것이 아닙니다. 다니엘은 고향과 친지들을 그리워했습니다. 하지만 다니엘은 고향에 연연하지는 않았습니다. 고레스 왕의 칙령으로 많은 사람이 고향으로 돌아왔지만 다니엘이 고향으로 돌아왔다는 흔적은 찾을 수 없습니다. 오히려 다니엘은 하나님이 머물게 하신 타향 바벨론에서 최선을 다했습니다. 그리고 낯선 타향에서 큰 축복을 받았습니다. 만일 다니엘이 고향에 계속 머물러 있었더라면, 이런 축복을 받아 누리지 못했을 것입니다.

고향을 떠난 사람들

그러고 보니, 고향에 그대로 머문 사람보다는 고향을 떠난 사람들이 축복을 더 많이 받는 것 같습니다. 아브라함(창 12:1)과 이삭(창 26:22), 야곱, 요셉이 그러했습니다. 그 동기가 어떠했든지 간에 고향을 떠난 사람들이 믿음의 조상이 되었고, 축복의 주인공이 되었습니다. 그래서인지 모세는 신명기 32장에서 보금자리를 어지럽게 하는 독수리로 하나님을 묘사하고 있습니다.

> 마치 독수리가 자기의 보금자리를 어지럽게 하며 자기의 새끼 위에 너풀거리며 그의 날개를 펴서 새끼를 받으며 그의 날개 위에 그것을 업는 것 같이. 신 32:11

이 말씀에서 "자기의 보금자리"는 아버지의 품, 내 고향을 뜻합니다. 하나님이 그 보금자리를 어지럽게 하여 새끼가 그곳에 머물지 못하도록 밀쳐냅니다. 그리고 낯선 환경에서 연단을 받도록 합니다. 그리하여 결국은 합력하여 선을 이루도록 하십니다(롬 8:28).

고향과 아버지의 품을 떠난다고 다 잘되는 것은 아닙니다. 잘못되는 경우도 많습니다. 누가복음 10장에 보면, 한 사람이 예루살렘에서 여리고로 내려가다가 강도를 만나 가진 것을 다 빼앗기고 죽을 지경에까지 이르렀습니다(눅 10:30). 누가복음 15장에 보면 탕자가 고향을 떠나 먼 나라로 갔다가 완전히 알거지 신세가 되었습니다(눅 15:16).

심지어 이사야 14장에 보면, "아침의 아들 계명성"이 자기 자리, 즉 아버지 집을 떠나서 사탄이 되었다고까지 말하고 있습니다(사 14:12).

꿈을 해석하는 다니엘

이렇게 볼 때 고향을 떠나고 떠나지 않고는 중요한 것이 아닙니다. 중요한 것은 하나님이 나에게 머물게 하신 곳이 어디든 그 현장에서 어떤 마음가짐과 태도를 보이는가 하는 것입니다. 다니엘을 통해서 바로 이 점을 배워야 합니다.

다니엘 2장 31절 이하에 보면, 다니엘은 드디어 느부갓네살이 침상에서 꾼 꿈과 그 내용이 무엇인지를 해석하고 있습니다(단 2:36). 다니엘은 이렇게 말합니다.

> 왕이여 왕이 한 큰 신상을 보셨나이다 그 신상이 왕의 앞에 섰는데 크고 광채가 매우 찬란하며 그 모양이 심히 두려우니 그 우상의 머리는 순금이요 가슴과 두 팔은 은이요 배와 넓적다리는 놋이요 그 종아리는 쇠요 그 발은 얼마는 쇠요 얼마는 진흙이었나이다 단 2:31-33

다니엘은 지금 왕이 침상에서 꾼 꿈의 내용을 말하고 있습니다. 꿈에 나온 이 신상은 정금과 은, 놋, 철, 진흙 등 각각 다른 재료로 만들어졌는데, 몸의 아랫부분으로 내려올수록 그 재료의 가치가 점점 떨어지는 것을 볼 수 있습니다. 그런데 갑자기 손대지 아니한 돌이 나타나서 이 신상을 부서뜨려 완전히 가루로 만들어 버렸습니다. 그리고 그 돌은 태산을 이루어 온 세계에 가득 찼습니다(35절). 이어서 36절부터 다니엘은 그 꿈을 해석합니다.

다니엘은 금 신상의 머리는 느부갓네살을 뜻하는데, 왕보다 못한 나라들이 일어날 것이며 그 나라들이 발처럼 나뉘고 부서진다고 말합니다. 그리고 뒤이어서 하나님이 한 나라를 세우시는데, 그 나라는 모든 나라를 쳐서 멸망시키고 영원히 선다고 해몽합니다.

이 부분을 놓고 학자들의 견해가 치열합니다. 도대체 이 나라들은 역사상 어떤 나라들을 의미하며, 머리와 가슴, 두 팔, 배, 넓적다리, 종아리, 발은 어느 나라를 뜻하는 것일까요? 어떤 이는 "이 네 부분이 바벨론, 메대와 파사, 헬라, 로마를 뜻한다"고 말합니다. 또 어떤 이는 "이 책은 다니엘이 기록한 것이 아니라 주전 160년경에 기록된 것이기 때문에 바벨론과 로마, 소련, 미국, 유럽연합을 뜻한다"고 주장합니다. 또 "장차 중국이 강대해지니, 중국도 여기에 포함시켜야 한다"는 주장도 있습니다. 정확한 근거 없이는 이렇게 다양한 해석들을 옳다고도, 틀리다고도 단정할 수 없습니다. 여기에 너무 집착할 필요도 없습니다.

다시 한 번 '이에' 하는 다니엘

정작 우리가 이 본문을 놓고 골몰해야 할 부분은 따로 있습니다. 바로 '이에'입니다. 특이하게 아람어로 기록된 이 부분에 '이에'라는 단어가 반복되고 있기 때문입니다. 다니엘 2장 4절부터 7장까지는 아람어로 기록되어 있습니다. 그런데 언어마다 특징이 있듯이 아람어에도 특징이 하나 있습니다. '이에'라는 단어를 반복하는 것입니다.

다니엘서에 '이에'는 무려 서른세 번이나 등장합니다. 그중 대부분이 아람어로 기록된 부분에서 집중적으로 나타납니다. 이 단어는 단순히 문장과 문장, 사건과 사건을 연결하는 역할이 아닙니다. 다양하면서도 깊은 의미까지 담아내고 있습니다.

그러므로 우리는 '이에'를 추적해야 합니다. 머리와 가슴, 종아리, 다리가 어떤 나라인지 추적하는 대신 '이에'에 시선을 집중해야 합니다. 바로 여기에 하늘의 지혜가 숨겨져 있습니다.

다시 정리해 보면, 맨 처음 '이에'가 등장한 곳은 다니엘 2장 17절입니다. 위기 앞에서 다니엘이 무엇을 했습니까? '이에' 했습니다. 이 '이에' 속에는 "위기 앞에서 기도의 장소를 찾았다. 기도의 동역자들과 기도했다. 하나님을 찾았다"는 의미가 담겨 있습니다. 이것이 다니엘의 '이에'입니다.

이 다니엘의 '이에'에 하나님 역시 '이에'로 답하십니다. 그것이 바로 19절의 '이에'입니다. 하나님의 '이에' 속에는 하나님이 적절한 때와 방법, 적절한 축복으로 답하신다는 뜻이 담겨 있습니다. 그렇습니다. 하나님은 우리가 '이에' 할 때, 반드시 '이에' 하십니다. 가장 적절한 때에, 가장 적절한 방법으로, 가장 적절한 축복을 허락하십니다.

중요한 것은 바로 여기가 분기점이라는 점입니다. 하나님이 '이에' 하셨습니다. 즉 기도의 응답이 나타났습니다. 문제를 해결할 수 있는 열쇠를 손에 쥐었습니다. 놀랍고 기이한 일들이 내 안에 일어났습니다. 드디어 소원이 성취되었습니다. 그러면 일반적으로 사람들은 그것을 들고 문제를 해결하려고 합니다. 자신을 과시하려고 합니다. 그 위기를 빨리 극복하려고 합니다. 그래서 위기의 현장으로 달려갑니다. 그것도 급히 말입니다.

그런데 다니엘은 그렇게 하지 않았습니다. 20절을 보십시오. 우리말로 번역된 성경에는 빠졌지만 원문에는 '이에'가 분명히 등장합니다. 강조점은 이것입니다. 다니엘이 다시 '이에' 했다는 것입니다. 다니엘은 다시 한 번 더 '이에' 합니다. 하나님의 '이에' 이후에, 즉 하나님의 응답 이후에 다시 '이에' 했다는 말입니다. 문제를 해결할 수 있는 열쇠를 주신 하나님, 내 기도에 응답하신 하나님을 먼저 찾아 찬양과 영광, 감사를 드렸습니다. 우리도 하나님과 그렇게 교제해야 합니다.

그러자 이런 다니엘에게 하나님이 다시 '이에' 하십니다. 그것이 바로 46절 본문입니다. 46절과 48절에 '이에'가 연속적으로 등장합니다.

이에 느부갓네살 왕이 엎드려 다니엘에게 절하고 명하여 예물과 향품을 그에게 주게 하니라 왕이 이에 다니엘을 높여 귀한 선물을 많이 주며 그를 세워 바벨론 온 지방을 다스리게 하며 또 바벨론 모든 지혜자의 어른을 삼았으며 왕이 또 다니엘의 요구대로 사드락과 메삭과 아벳느고를 세워 바벨론 지방의 일을 다스리게 하였고 다니엘은 왕궁에 있었더라. 단 2:46, 48-49

대제국 바벨론의 느부갓네살 왕이 한갓 포로에 불과한 소년 다니엘 앞에 엎드렸습니다. 엎드린 정도가 아니라 절을 했습니다. 만조백관(滿朝百官)이 다 보는 가운데서 말입니다. 느부갓네살은 다니엘에게 예물과 향품 등 귀한 선물을 많이 주고, 바벨론의 온 지방을 다스리게 했습니다. 바벨론에 있는 모든 지혜자의 어른으로 삼았습니다. 다니엘뿐만 아니라 그와 함께 했던 친구들까지 다니엘 덕분에 지방 장관들이 되었습니다. 다니엘이 축복의 통로가 되었습니다.

다시, '이에'를 주목합시다. 겉으로 볼 때는 왕이 '이에' 하는 것처럼 보입니다. 하지만 왕을 '이에' 하도록 하는 분은 하나님이십니다. 하나님이 느부갓네살 왕을 도구로 사용하십니다. 그러므로 여기 사용된 '이에'도 하나님의 '이에'입니다.

또 하나 놓칠 수 없는 것이 있습니다. 이 본문에서 다니엘이 받은 축복은 다니엘이 기도하지 않은 부분입니다. 다니엘이 기도한 것은 18절의 내용입니다. 그는 총리대신과 금은보화 상급, 왕의 엎드러짐을 기도하지 않았습니다. 생각지도 않았습니다. 그런데 하나님이 이런 축복을 허락해 주셨습니다.

여기서 본문에 던져야 하는 중요한 질문이 있습니다. 다니엘이 '이에' 했습니다. 하나님이 '이에'로 답하셨습니다. 그때 이 다니엘이 다시 '이에' 하지 않고, 급히 왕에게로 달려갔다면 46절 이하의 '이에'가 나타났을까요? 또 하나, 다니엘에게 이어서 나타났던 그 신비스럽고 기이한 일들이 계속 나타났을까요? 하나님께서 계속 그에게 놀라운 은혜를 베풀어 주셨을까요?

'이에'를 외면하는 사람들

요한복음 6장에 보면 굶주린 심령들이 예수님께로 나아왔습니다. 오천 명이나 되는 많은 사람이었습니다. 주님께서는 이들을 불쌍히 여기사 물고기 두 마리와 보리떡 다섯 개로 그들을 배불리셨습니다. 그러자 그들의 반응은 어떠했습니까? 이제는 소기의 목적을 달성했다고 생각하며 다 떠나갔습니다.

> 그 때부터 그의 제자 중에서 많은 사람이 떠나가고 다시 그와 함께 다니지 아니하더라. 요 6:66

그때 주님은 씁쓸해하시며 이렇게 말씀하셨습니다.

> 예수께서 열두 제자에게 이르시되 너희도 가려느냐. 요 6:67

예수님을 떠나간 사람들은 그 다음에 그들을 위하여 예비해 놓으신 더 큰 축복과 은혜를 맛보지 못했습니다. 영생의 떡, 하늘에서 내려온 산 떡, 영원히 사는 그 떡은 먹지 못하고 말았습니다(요 6:58). 그들은 한 끼 육신의 배를 채우는 것으로 만족했습니다. 은혜와 축복은 거기까지였습니다.

누가복음 12장에 등장하는 부자도 그러했습니다. 그는 소출이 풍성했습니다. 소원을 성취했습니다. 그러자 그 부자는 하나님 대신 자신을 찬양하고, 자신에게 영광을 돌렸습니다. 그 부자는 '내가'를 수없이 반복합니다. 그 부자는 더 큰 은혜가 있으며, 그 은혜가 필요하다는 사실을 간과했습니다. 그 부자의 결말은 가진 것을 다 누리지도 못하고 죽는 것으로 끝납니다(눅 12:20).

누가복음 16장의 '부자와 나사로' 비유에 나오는 부자도 마찬가지입니다. 그 부자는 소원을 성취한 대표적 모델입니다. 그 부자는 하나님께 많은 축복을 받았습니다. 그가 하나님을 몰랐다는 그 어떤 뉘앙스도 없습니다. 그 부자는 하나님을 알았습니다. 하나님의 은혜로 '상다리가 휘어지는' 축복을 받아 누렸습니다. 그런데 그 부자는 거기까지였습니다. 하나님을 찾지 않았습니다. 하나님과 교제하지 않았습니다. 그 부자의 말로(末路) 역시 비참했습니다.

'이에' 하면 '이에' 하는 사람들

인간관계도 마찬가지입니다. 한번 '이에' 한 후, 그것으로 끝인 사람이 있는가 하면, 계속하여 '이에' 하는 사람이 있습니다. 그 결과가 어떠할까요?

저는 1977년부터 본격적으로 사역을 시작했습니다. 그동안 부교역자로 사역하면서 두 분의 담임목사님을 모셨습니다. 지금도 그분들의 은혜를 잊지 못하고 찾아뵙고 인사합니다. 그중에서 특히 제일 처음 부족한 저를 교육전도사로 불러 주신 목사님을 잊지 못합니다. 처음 하는 사역이었으니 얼마나 실수가 많았는지 모릅니다. 그런데도 그 목사님은 저를 묵묵히 바라보고 격려해 주셨습니다. 저는 그곳에서 아내를 만나 결혼했고 두 아이를 얻었습니다. 학부와 대학원을 졸업했고, 강도사와 목사 안수를 받았습니다. 그리고 서울로 올라왔습니다. 하지만 그때 나를 써주시고 이끌어 주신 목사님을 잊을 수 없어 계속 인사를 드렸습니다. 그랬더니 어떤 일이 일어났을까요?

충정교회 담임으로 부임하는 과정에서 그 목사님이 결정적인 역할을 하셨습니다. 다른 부교역자들이 많이 있었지만 제가 떠오르더라는 것입니다. 담임으로 20년 이상 사역하다 보니 저 역시 지금까지 무려 마흔네 명의 부교역자들과 동역했습니다. 그런데 그 중에는 이제 막 사역을 시작하는 사람들이 많았습니다.

많은 사람들이 첫 번째 '이에'로 끝냅니다. 하지만 두 번째 '이에'까지 나아가는 사람도 있습니다. 첫 번째 '이에'로 끝나는 사람은 자기 목적만 달성하고 인연을 끊어버립니다. 우리 주변에서도 이런 사람들을 자주 만날 수 있습니다. 자기가 목적하는 바를 달성하려고 접근했다가 원하는 것을 다 얻으면 언제 그랬느냐는 듯이 얼굴을 돌리는 사람 말입니다. 그러나 다니엘은 그렇지 않았습니다. 다니엘은 하나님을 먼저 찾았습니다. 하나님과 계속 교제했습니다. 그런 다니엘에게 하나님은 '이에' 은혜를 베풀어 주십니다.

하나님이 내 기도에 응답하시고, 내 소원에 귀를 기울이셨을 때가 대단히 중요합니다. 시작에 불과한 중요한 분기점이기 때문입니다. 그때 나는 사람을 찾고 문제를 찾기 전에 먼저, 기도에 응답하신 하나님을 찾아 그분을 찬양하고, 그분께 영광 돌리며, 감사해야 합니다.

그냥 축복과 더 큰 축복

하나님의 축복에는 두 종류가 있습니다. '그냥 축복'과 '더 큰 축복'입니다. '그냥 축복'은 나에게 꼭 필요한 것, 내가 간구하는 것, 당면한 문제만을 해결해 주시는 축복입니다. 대부분의 사람들은 여기에 만족하고 물러납니다. 더 큰 축복이 있다는 사실을 간과한 채 말입니다.

'더 큰 축복'이란 내가 간구하지 아니한 것까지도 허락해 주시는 축복입니다. 내가 상상하지도 못했던 은혜를 입는 것입니다. 다니엘이 느부갓네살을 통해서 귀한 선물과 상급을 받고 바벨론의 총리대신 자리에까지 오른 것을 보십시오. 다니엘은 생명만 유지하면 좋겠다고 생각했을 것입니다. 그런데 하나님은 이러한 것들을 예비해 놓았다가 허락해 주셨습니다. 하나님이 '이에' 하셨을 때, 다시 '이에' 하는 자에게 이런 축복을 허락하십니다. 하나님은 어떤 분이실까요?

> 너희 중에 누구든지 지혜가 부족하거든 모든 사람에게 후히 주시고 꾸짖지 아니하시는 하나님께 구하라 그리하면 주시리라. 약 1:5

> 주라 그리하면 너희에게 줄 것이니 곧 후히 되어 누르고 흔들어 넘치도록 하여 너희에게 안겨 주리라 너희가 헤아리는 그 헤아림으로 너희도 헤아림을 도로 받을 것이니라. 눅 6:38

핵심은 '이에'입니다. 다니엘이 '이에' 했더니 하나님이 '이에' 하셨습니다. 하나님의 '이에'에 다니엘이 다시 '이에' 했더니 하나님도 이렇게 '이에' 하셨습니다. "이만하면 됐다. 이 문제만 해결되면 다행이다. 이제 하나님을 찬양하고 영광과 감사를 드릴 필요가 없다" 하고 멈추지 마십시오. 하나님은 더 큰 것을 예비해 놓고 계십니다. 그리고 하나님의 '이에' 앞에 우리가 어떤 태도를 보이는지 주목하십니다. '이에'에 다시 한 번 '이에' 하십시오. 적극적으로 축복의 주인공이 되십시오.

> 내 영혼아 여호와를 송축하며 그의 모든 은택을 잊지 말지어다. 시 103:2

기억해야 할 한 문장

5. 잊혀진 꿈, 다시 되살리라

내가 하나님이 주신 꿈을 붙잡고 선택의 기로에서 하나님을 택한다면 어떤 방향으로 나아가야 할지 그분이 가르쳐 주십니다.

믿음의 조상들은 하나님이 주신 꿈을 꾸었고, 그 꿈을 기억하고, 간직하며 살았습니다. 하나님께서 주신 꿈이 분명히 이루어진다는 믿음으로 위를 바라보며 나아갔습니다. 믿음의 사람은 곧 꿈의 사람들입니다.

6. '이에'에는 '이에'로 답하신다

하나님 앞에 '이에' 한다면 하나님은 반드시 '이에'로 답하십니다. 이 믿음을 가진 사람은 삶을 쉽게 포기하지 않습니다.

우리 앞에는 수많은 큰 바위와 태산이 가로 놓여 있습니다. 그럴 때 하나님 앞에 엎드리십시오. 하나님은 가장 적절한 때, 가장 적절한 방법으로, 가장 적절한 축복을 내리십니다.

7. '이에' 이후에 또 '이에' 하라

다니엘은 우선순위가 분명했습니다. 기도에 응답하신 하나님을 찬양하고 그분의 이름을 높이며 감사했습니다. 다니엘은 언제나 항상 사람이 아닌, 하나님이 먼저였습니다.

'이에' 이후에 '이에' 하는 자들이 되십시오. 하나님을 찬양하고, 하나님의 이름을 높이고, 하나님께 감사하십시오. 이런 자에게 하나님께서 또 '이에' 해주십니다.

8. 또 '이에' 하면 하나님도 '이에'로 응답하신다

하나님은 더 큰 것을 예비해 놓고 계십니다. '이에'에 다시 한 번 '이에' 하십시오. 적극적으로 축복의 주인공이 되십시오.

"이만하면 됐다. 이 문제만 해결되면 다행이다. 이제 하나님을 찬양하고 영광과 감사를 드릴 필요가 없다" 하고 멈추지 마십시오. 하나님이 '이에' 하셨을 때, 다시 '이에' 하는 자에게 복을 허락하십니다.

다니엘의 지혜는 기도에서 나왔습니다. 다니엘의 담대함과 침착함, 흔들림 없는 발자취, 신앙의 절개 또한 기도에서 나왔습니다. 내일 일어날 일을 정확히 말할 수 있는 지혜 역시 기도에서 나왔습니다. 금식하며 엎드려 기도하는 중에 하나님께서 그에게 지혜를 주셨습니다.

3
chapter

타협을 거절하는 참된 신앙

다니엘이 가진 지혜는 세상 지혜가 아니었습니다. 천지 만물을 홀로 주관하고 간섭하시는 하나님, 그 하나님이 부어 주시는 지혜였습니다. 틀리거나 변개되지도 않습니다. 다니엘이 기도하자 그는 세상 그 누구도 흉내 낼 수 없는 지혜로운 사람이 되었습니다.

다니엘 3:1-7

9
그렇게 높아지고 싶더냐?

*이처럼 하나님만 높이면 하나님이 그를 높여 주십니다.
하나님은 이런 자들을 계속 붙드시고 축복해 주셨습니다.*

언젠가 평양을 방문했을 때의 일입니다. 대동강에는 한강의 여의도처럼 생긴 양각도라는 섬이 하나 있습니다. 이곳에 세워진 양각도 호텔에 여장을 풀고 평양 시내를 내려다보았습니다. 시내는 싱가포르 못지않게 깨끗하게 단장되어 있었습니다. 곳곳에는 웅장한 건물과 조형물, 격문들이 즐비했습니다. 그중에서 우리의 남산 격인 평양 만수대 언덕배기에 세워진 김일성 동상은 아직도 깊은 잔영(殘影)으로 남아 있습니다.

이 동상의 받침대 계단 높이가 3미터, 동상 높이가 23미터라고 합니다. 광화문의 세종대왕 동상이 6.2미터, 이순신 장군의 동상이 6.5미터인 것에 비하면 그 크기가 어느 정도인지, 대략 짐작이 갑니다.

그때가 저녁 무렵이었는데 전신이 금으로 입혀진 동상이 붉은 석양빛을 받아 묘한 분위기를 연출하고 있었습니다. 이 동상에 사용된 금이 무려 37킬로그램, 우리 돈으로 계산하면 20억 원이 훨씬 넘는 엄청난 양입니다. 이 동상이야말로 현대판 느부갓네살 신상이었습니다.

바벨론의 신상

두라 평지에 한 신상이 세워졌습니다. 당시 바벨론에는 두라라 불리는 평지가 두 곳 있었는데 한 곳은 갈그미스 근처 지역이었고, 또 다른 한 곳은 아폴로니아에서 멀지 않은 곳이었습니다. 칼 델리취 같은 학자는 전자보다는 후자에 신상이 세워졌다고 생각합니다. 만일 그렇다면 이 평지는 고대 바벨론의 수도에서 남쪽으로 약 5킬로미터 떨어져 있는 곳으로, 현재 이곳에서 당시의 잔해들이 발굴되고 있습니다. 본문 1절은 이 두라 평지에 세워진 동상의 크기와 재질을 상세하게 언급하고 있습니다.

> 느부갓네살 왕이 금으로 신상을 만들었으니 높이는 육십 규빗이요 너비는 여섯 규빗이라 그것을 바벨론 지방의 두라 평지에 세웠더라. 단 3:1

금 신상의 높이가 대략 30미터(60규빗), 넓이가 3미터(6규빗)나 되는 엄청난 크기입니다. 그리고 금으로 만들어졌습니다. 그리스의 역사가 헤로도토스는 그래서 이 금 신상을 만드는 데 약 22톤의 엄청난 금이 소요되었을 것이라고 추정합니다. 물론 다른 견해도 있지만 분명한 것은 신상의 외곽 전체가 머리에서 발끝까지 순금이었다는 사실입니다. 이 신상을 앞에 놓고 몇 가지 질문을 던지지 않을 수 없습니다.

느부갓네살이 이 동상을 언제 세웠을까요? 이렇게 엄청난 크기의 신상을 왜 만들었으며, 특히 거금을 들여 신상 전체를 순금으로 만든 이유는 무엇이었을까요?

먼저, 본문에는 구체적으로 적시되어 있지 않지만 70인경에 보면 느부갓네살 왕 18년, 즉 주전 587년에 이 신상이 만들어졌습니다. 이 때는 느부갓네살이 세계를 정복하고 승승장구할 때입니다. 이때 느부갓네살은 자신의 이름과 업적을 온 세상에 드러내 보이길 원했습니다.

그래서 두 가지 대형 프로젝트를 구상합니다. 하나는 저 북쪽 님플에 포로들을 동원하여 유프라테스 강과 티그리스 강을 잇는 대운하 사업을 벌이는 것이었습니다. 이름 하여 '그발 프로젝트'입니다. 시편 137편에 보면 그곳에 투입된 유대인들의 애환과 아픔이 절절히 소개되고 있습니다.

또 하나는 바로 '두라 프로젝트'입니다. 두라 평지에 거대한 신상을 세우는 것이었습니다. 겉으로는 그 신상이 바벨론이 섬기는 우상, 벨의 신상인 것처럼 보이지만 사실은 느부갓네살 자신의 동상이었던 것입니다. 느부갓네살은 이 두 가지 프로젝트로 자신의 이름과 위대함을 온 세상에 드러내려 했습니다.

느부갓네살이 금 신상을 세운 더 큰 이유가 있습니다. 다니엘서 2장의 꿈 사건 때문입니다. 느부갓네살이 꿈을 꾸었으나 무슨 꿈이었는지 도무지 알 길이 없었습니다. 아무리 떠올리려고 해도 안 되었습니다. 그런데 그 꿈을 다니엘이 알려주었습니다. 그 내용은 이러합니다.

왕이여 왕이 한 큰 신상을 보셨나이다 그 신상이 왕의 앞에 섰는데 크고 광채가 매우 찬란하며 그 모양이 심히 두려우니 그 우상의 머리는 순금이요 가슴과 두 팔은 은이요 배와 넓적다리는 놋이요 그 종아리는 쇠요 그 발은 얼마는 쇠요 얼마는 진흙이었나이다. 단 2:31-33

느부갓네살의 꿈에 나타난 큰 신상은 머리는 금으로 되어 있지만 아래로 내려갈수록 그 재료들이 은, 놋, 쇠, 진흙 등 점점 가치 없고 수준 낮은 것들이었습니다. 그러다가 잠시 후에는 그 신상이 완전히 부서져 타작마당의 겨같이 바람에 날려 흔적도 없이 사라졌습니다(단 2:35). 이 꿈을 다니엘이 어떻게 해석했습니까?

왕이여 왕은 여러 왕들 중의 왕이시라 하늘의 하나님이 나라와 권세와 능력과 영광을 왕에게 주셨고 사람들과 들짐승과 공중의 새들, 어느 곳에 있는 것을 막론하고 그것들을 왕의 손에 넘기사 다 다스리게 하셨으니 왕은 곧 그 금 머리니이다 이 여러 왕들의 시대에 하늘의 하나님이 한 나라를 세우시리니 이것은 영원히 망하지도 아니할 것이요 그 국권이 다른 백성에게로 돌아가지도 아니할 것이요 도리어 이 모든 나라를 쳐서 멸망시키고 영원히 설 것이라. 단 2:37-38, 44

이 말을 듣고 느부갓네살이 어떻게 반응했습니까?(단 2:46-49) 느부갓네살은 그야말로 감동에 겨워 벅차올랐습니다. 그래서 하나님을 찬양하고, 다니엘 앞에 넙죽 엎드려 절하고, 예물을 주면서 다니엘을 총리대신으로 임명하고, 다니엘의 친구들도 지방 장관으로 임명했습니다(단 2:46-49).

느부갓네살이 다니엘에게 상을 내리는 것은 충분히 이해가 됩니다. 당연히 그렇게 해야 합니다. 하지만 그렇다고 해서 만조백관이 다 보는 앞에서 어린 포로 앞에 넙죽 엎드려 절하고, 아무 경험 없는 그를 총리대신으로 앉히고 전리품을 나눠 주듯이 그 친구들에게까지 도지사 자리를 임명하는 것은 납득할 수 없습니다. 느부갓네살은 지금 분명 오버액션을 하고 있습니다. 이것으로 보아 느부갓네살이 다혈질에 정서적으로 감정의 기복이 심한 불안정한 성향의 소유자였음을 알 수 있습니다.

하나님 위에 올라서려는 인간

이렇게 한 차례 회오리바람이 지나가고 느부갓네살이 다시 잠자리에 듭니다. 낮에 있던 일들을 다시 떠올립니다. 흥분을 가라앉히고 제

정신으로 돌아와 차분히 그때 그 꿈과 꿈에 대한 해석을 찬찬히 되씹어 봅니다.

자신이 큰 신상의 머리랍니다. 그것도 금으로 만들어진 머리랍니다(단 2:38). 여기까지는 좋았습니다. 그런데 그 신상이 잠시 후에 금이 은으로, 다시 놋으로, 쇠로, 진흙으로 변한다는 것이 아닙니까? 그러다가 돌 한방에 부서져 가루가 되어 흔적도 없이 지상에서 사라져 버린다고 했습니다(단 2:35). 결국 바벨론이 망한다는 뜻이었던 것입니다. 낮에는 감정이 고조되어서 앞뒤를 재지 못했습니다. 다니엘이 무슨 말을 하는지, 그 의미가 무엇인지 깊이 생각하지 못했습니다. 그런데 정신을 차리고 찬찬히 생각해 보니, 그게 아니었던 것입니다.

"뭐라고? 내 바벨론 왕국이 망한다고? 내가 다스리는 왕국이 점점 약화되어 나뉘다가 부서진다고? 대제국 바벨론이? 그것은 있을 수 없는 일이다. 누가 감히 대제국 바벨론을 넘본단 말인가? 나는 영원한 왕이 될 것이다. 내 왕국은 해가 지지 아니할 것이다. 그런데 하나님이란 자가 바벨론을 부수고 한 나라를 세우고 그 나라만이 영원하다고? 아니, 절대 그럴 수 없다. 내가 세운 이 바벨론 제국, 이 나라야말로 영원할 것이다."

느부갓네살은 잠자리에서 벌떡 일어났습니다. 깊숙한 곳에 숨겨져 있던 썩은 자존심, 부패한 교만이 고개를 내밀며 악취를 풍겼습니다. 그것이 바로 두라 평지에 세워진 거대한 금 신상 프로젝트입니다. 크기도 거대했지만 머리부터 발끝까지 전체를 금으로 만들도록 했습니다.

이것은 꿈에 본 금 신상에 대한 도전을 의미합니다. 자신의 나라가 영원히 쇠하지 않을 것을 강조하는 것입니다. 이것은 하나님에 대한 도전이기도 합니다. 하나님보다 높아지려는 교만의 표현이기도 합니다. 이렇게 하나님보다 높아지려했던 느부갓네살의 종국은 어떻게 되었을까요?

> 왕이 사람에게서 쫓겨나서 들짐승과 함께 살며 소처럼 풀을 먹으며 하늘 이슬에 젖을 것이요. 단 4:25

느부갓네살은 주전 605-562년, 43년 동안 나라를 통치한 것으로 알려져 있습니다. 하지만 여기에 숨겨진 사실이 하나 있습니다. 다니엘 5장에 보면, 벨사살 왕이 등장합니다. 그래서 우리는 느부갓네살의 아들이 벨사살이라고 생각합니다(단 5:1). 하지만 역사의 기록을 보면 벨사살의 아버지는 느부갓네살이 아닙니다. 벨사살에게는 나보니두스라는 아버지가 있습니다. 나보니두스는 아라비아의 테마라는 곳에 별궁을 짓고 살면서 자기 아들 벨사살에게 국사를 위임했습니다. 이렇게 본다면 느부갓네살 다음에는 나보니두스, 그 다음에 벨사살로 왕권이 이어졌나고 볼 수 있습니다.

그렇다면 느부갓네살의 통치 기간은 훨씬 더 짧아집니다. 추측컨대, 느부갓네살은 이 금 신상 사건 이후 얼마 있지 않아 사람들에게 쫓겨나 짐승처럼 풀을 뜯는 신세가 되지 않았나 생각합니다. 갑자기 이런 일이 느부갓네살에게 닥친 것입니다. 높아지려는 순간, 돋보이려는 순간, 저 아침의 아들, 계명성처럼 낭떠러지에 떨어지고 말았습니다.

너 아침의 아들 계명성이여 어찌 그리 하늘에서 떨어졌으며 너 열국을 엎은 자여 어찌 그리 땅에 찍혔는고. 사 14:12

우리에게는 느부갓네살 같은 모습이 없을까요? 맨 처음 인간에게 들어온 죄의 통로를 기억해 보십시오. 하나님처럼 되리라(창 3:5)는 사탄의 유혹에 빠져 아담과 하와가 범죄했습니다. 그리고 그들은 죗값을 단단히 치렀습니다. 하지만 죗값을 치름으로써 높아지려는 성품이 사라졌을까요? 하늘에 닿고자 했던 바벨탑 사건, 온 지면에 우리 이름을 내자고 쌓아 올렸던 그 탑이 무엇을 의미하는지 잘 알 것입니다(창 11:1-4).

나를 죽이고 하나님을 높이다

5·16 군사정변과 10월 유신은 "나여야만 한다. 내가 종신 집권해야 한다"라는 두 문장으로 요약할 수 있습니다. 그 결과로 10·26 궁정동 사건이 벌어졌습니다. 교계에서는 은퇴에 즈음한 목회자가 아들에게 교회를 세습하는 일로 눈총을 받기도 합니다. 노구(老軀)를 이끌고 공개 석상에서 아들에게 교회를 세습한 것을 후회한 목사님이 소

천하시는 와중에 또 한 대형 교회에서 세습하는 일도 일어났습니다. 분명 각자 상황이 있을 것입니다. 하지만 은퇴 후에도 계속 그 자리에서 영향력을 미치려는 속셈으로 보여서 세간의 평은 그리 좋지 못합니다.

우리 또한 예외가 아닙니다. 어떻게든 자신을 드러내려고 애씁니다. 자신이 대단한 존재라는 것을 부각시키려고 안간힘을 씁니다. 다만 그런 기회가 주어지지 않았을 뿐입니다. 이렇게 볼 때 두라 평지에 신상을 높이 세우고 자신을 높이려 한 느부갓네살을 향하여 무작정 정죄하거나 돌을 던질 수는 없습니다. 왜냐하면 그 행위는 모든 인간의 보편적 심리를 표현한 것이기 때문입니다. 내 안에도 비록 정도의 차이는 있으나, 이 못된 성품이 흘러내려 왔음을 솔직히 인정해야 합니다. 이 질긴 성품을 치료하는 방법은 한 가지밖에 없습니다. 그것은 다니엘이 취했던 방법입니다.

> 오직 은밀한 것을 나타내실 이는 하늘에 계신 하나님이시라 그가 느부갓네살 왕에게 후일에 될 일을 알게 하셨나이다…왕이여 왕이 침상에서 장래 일을 생각하실 때에 은밀한 것을 나타내시는 이가 장래 일을 왕에게 알게 하셨사오며 이 여러 왕들의 시대에 하늘의 하나님이 한 나라를 세우시리니 이것은 영원히 망하지도 아니할 것이요 그 국권이 다른 백성에게로 돌아가지도 아니할 것이요 도리어 이 모든 나라를 쳐서 멸망시키고 영원히 설 것이라. 단 2:28-29, 44

다니엘은 어떤 자리나 어떤 위치에서도 한결같이 하나님을 의식하고 하나님의 이름과 권능을 높였습니다. 모든 사람이 자신이 아닌, 하나님께만 엎드려 영광을 돌리게 하였습니다. 이것이 내 안에도 여전히 남아 있는 이 질기고 못된 성품을 치유하는 유일한 방법입니다.

예수님 역시 일생을 그렇게 사셨습니다. 얼마나 많은 사람들이 예수님께 몰려왔습니까? 고침을 받고, 떡을 먹고, 신선한 생명의 메시지를 받은 사람들의 반응은 어떠했습니까? 그때 주님은 어떤 태도를 취하셨습니까?

> 그러므로 예수께서 그들이 와서 자기를 억지로 붙들어 임금으로 삼으려는 줄 아시고 다시 혼자 산으로 떠나가시니라. 요 6:15

> 예수께서 자기를 나타내지 말라고 많이 경고하시니라. 막 3:12

> 이에 제자들에게 경고하사 자기가 그리스도인 것을 아무에게도 이르지 말라 하시니라. 마 16:20

하나님은 이런 예수님을 어떻게 하셨습니까?

> 이러므로 하나님이 그를 지극히 높여 모든 이름 위에 뛰어난 이름을 주사 하늘에 있는 자들과 땅에 있는 자들과 땅 아래 있는 자들로 모든

무릎을 예수의 이름에 꿇게 하시고 모든 입으로 예수 그리스도를 주라 시인하여 하나님 아버지께 영광을 돌리게 하셨느니라. 빌 2:9-11

그렇습니다. 하나님은 이런 자들을 계속 붙드시고 축복해 주셨습니다. 점점 더 높여 주셨습니다. 이처럼 하나님만 높이면 하나님이 그를 높여 주십니다. 왜냐하면 하나님은 마치 열기구와 같으시기 때문입니다. 열기구 밑에는 커다란 바구니가 달려 있고, 그 안에 사람이 탑니다. 열기구가 올라가면 자연히 바구니 안의 사람도 올라갑니다. 내 안에 하나님이 계시고, 내가 그분 안에 있습니다. 열기구를 하늘 높이 올리면 바구니 안에 있는 나도 자동으로 따라 올라갑니다. 그런데 항상 내 머리 위에 있는 열기구가 거슬립니다. 그래서 열기구보다 높아지려고 버둥대지만 결과는 뻔합니다. 땅에 내동댕이쳐지는 길밖에 없습니다.

테리 월링 박사는 인생에는 세 번의 중요한 전환기가 있다고 했습니다. 이십대 후반, 사십대 초반, 그리고 은퇴 시점이 그때입니다. 그 중에서 특히 테리 월링은 은퇴 시점을 강조합니다. 은퇴 시기에는 미련이 많이 남습니다. 자신이 사람들의 시선에서 사라지고 영향력이 감소되는 것은 견딜 수 없는 아픔입니다. 하지만 테리 월링 박사는 연단에서 곁에 있는 사람에게 바통을 넘겨주고, 연단 뒤의 쪽문으로 나갔습니다. 그리고 한참 후에 돌아와서 이것이 지혜로운 자의 자세라고 말했습니다.

나는 지금 어떤 모습입니까? 나는 지금 내 안에 웅크리고 있는 교만과 자만이라는 가장 본질적인 성품을 어떻게 다스리고 있습니까?

나약하면서 나약한 줄 모르는 인간

우리 교회의 한 집사 가정에서 혼례식이 있었습니다. 예식은 상암동의 한 웨딩홀에서 낮 열두 시에 열리기로 되어 있었습니다. 주례를 맡아서 좀 일찍 웨딩홀에 도착했습니다. 예식장에 와보니 이미 세 번이나 주례를 한 곳이었습니다. 그래서 안심하고 지하에 주차를 해놓고 기도한 후에 주례사를 다듬었습니다. 그리고 10분 전에 예식장으로 올라갔습니다. 그런데 가서 보니, 전부 낯선 사람들뿐이었습니다. 알고 보니 다른 예식장에 와있는 것이었습니다.

급히 연락을 취하고 차를 빼서는 내비게이션을 켰습니다. 하지만 냉정하게도 내비게이션은 제가 가야 할 길을 알려 주지 않았습니다. 시간은 흘러가지, 제 정신이 아니었습니다. 무작정 차를 몰고 돌았지만 어디가 어딘지 알 수 없었습니다. 예식장이기에 줄줄이 예약이 잡혀 있을 텐데 마음이 초조해졌습니다. 신호도 무시하며 무작정 건물 사이를 왔다 갔다 했습니다. 어떻게 돌다 보니, 길가에 부교역자들이 서서 기다리고 있는 것이 보였습니다. 그것은 기적이었습니다. 급히 식장에 들어서니 10분 늦게 도착했습니다. 하지만 저는 10년 감수했습니다. 숨은 목까지 차오르고 있었습니다.

이런 일을 가끔씩 겪습니다. 그때도 주례를 하기로 한 날이었습니다.

올림픽대로를 이용해서 강남역 예식장까지 가는데, 여의도 쪽에서 막혀 도무지 움직이지 않았습니다. 방법은 없고 다른 사람을 주례로 세우라고 전화하고 있는데, 사이드미러로 퀵서비스 오토바이가 다가오는 것이 보였습니다. 뛰어 내려서 오토바이 뒤에 타고 내달렸습니다.

이처럼 모든 것이 내 뜻대로 되지 않습니다. 내 경험과 지식, 내 눈으로 보는 것, 다른 사람의 충고, 그것이 진리가 아닙니다. 나는 참으로 약합니다. 보잘 것 없는 존재입니다. 하나님만이 모든 것을 다스리십니다. 우리는 혹시 자신이 대단한 사람인양 자신을 사람들 앞에 드러내려고 하지는 않습니까? 어떻게 하든지 나를 높이려고 하지는 않습니까? 혹시 내 안에서 영의 음성이 들리지는 않습니까? "그렇게 높아지고 싶더냐? 그게 패망의 선봉이라는 사실을 알지 못하느냐?"(잠 16:18)

교만한 자를 물리치고 겸손한 자를 세우시는 하나님

겸손은 존귀의 앞잡이입니다(잠 15:33). 모세는 대단히 잘난 체하던 청년이었습니다. 남의 일에도 간섭하고, 스스로 재판관이 되기까지 했습니다. 그렇게 모세가 교만했을 때는 하나님이 쓰시지 않았습니다. 부르시지 않았습니다. 언제 모세를 하나님께서 다시 부르십니까? 겸손해졌을 때입니다. 모세는 하나님이 들어 쓰시겠다고 해도, 높여 주시겠다고 해도 고개를 저으며, "보낼 만한 자를 보내소서" 하고 사양

할 정도로 겸손해졌습니다(출 4:13). 모세를 높여 주신 하나님께서 속상해하실 정도로 겸손했습니다. 이런 모세가 다시 쓰임을 받았습니다.

오늘 우리가 안고 있는 모든 문제의 해결점이 바로 여기에 있습니다. 이 성품을 고치기만 하면, 진정 하나님만 높이기를 원한다면 하나님이 다니엘과 그의 친구들을 높여 주시듯이 높여 주실 것입니다.

하나님이시면서도 하나님과 동등하게 여기지 않고, 임금이시면서도 임금으로 세우려는 자들을 피해 도리어 자신을 숨기셨던 주님처럼 산다면 하나님이 높여 주실 것입니다. 하늘 문을 열어 주실 것입니다. 그러므로 되도록 자신을 드러내려고 애쓰지 마십시오. 행과 구 사이에 숨는 지혜가 필요합니다. 왜냐하면 하나님은 교만한 자를 물리치시고 겸손한 자에게 은혜를 베풀어 주는 분이시기 때문입니다(약 4:6).

다니엘 3:13-18

10
"일 없습니다"

하나님을 향하여 "일 없습니다" 하십시오. 그러면 주께서 기적을 베푸시고,
놀라운 일을 경험하게 하실 것입니다.

인간은 이해할 수 없는 하나님의 섭리

며칠 전, 이미 제자반을 졸업한 한 기수에서 집들이를 겸한 부부 모임이 열렸습니다. 그날 사람들을 초청한 형제가 해외출장 중에 감명 깊게 읽은 책을 몇 권 소개했습니다. 그 중 한 권에 마음이 꽂혔습니다. 제목은 《지상의 노래》(이승우, 민음사, 2012)였습니다. 책이라면 누구 못지않게 관심이 많기에 그 자리에서 '며칠간만' 하고 빌려 왔습니다. 장편소설 장르이지만 성경 구절과 성경 인물, 사건을 많이 인용하는 것이 인상적이었습니다.

서해가 내려다보이는 해발 890미터에 위치한 천산수도원이 이 책의 배경입니다. 주인공은 한정효와 그의 아내입니다. 한정효는 검은

선글라스로 각인되어 있는 5·16 군사정변의 주역으로, 강직한 인물입니다. 하지만 아내는 그 반대였습니다. 모태신앙인이었던 아내는 주일예배는 물론 새벽기도회도 한 번 거른 적이 없는 신실한 신앙인입니다. 아내는 교회가 마치 자신의 안방인양 거의 교회에서 살다시피 했습니다. 자신이 잘할 수 있는 일은 오직 기도뿐이라는 듯이 교회 마룻바닥에 엎드리고 또 엎드렸습니다.

그런 아내가 어느 날 임파선 암이라는 사형선고를 받고 힘겨운 투병을 시작했습니다. 아내의 몸은 점점 쇠해 갔습니다. 독한 항암제를 맞아 머리가 빠지고 거죽만 남을 정도로 바짝 말라갔습니다. 그런데 아내의 믿음은 흔들리지 않았습니다. 하나님을 원망하지도 않았습니다. 한정효는 그런 아내를 도무지 이해할 수 없었습니다. 그래서 그가 대신 나섰습니다. 마치 전능하신 하나님이 아내의 몸에 암세포를 집어넣고 키우기라도 한 것처럼 하나님을 원망했습니다.

한정효는 자신을 온전히 의지하고 전적으로 헌신하는 추종자의 안전조차 보장해 주지 않는 전능자는 도대체 어떤 존재이냐고, 무엇이든 할 수 있다는 그 힘을 도대체 누구를 위해, 어디에 쓰려고 아껴 두는 거냐고 소리를 지릅니다. 아내에게도 믿음 하나로 사는 사람의 생명조차도 지켜 주지 못하는 신을 왜 믿어야 하냐고 윽박질렀습니다.

이런 남편을 향하여 아내는 하나님의 생각과 사람의 생각은 다르다, 하나님의 뜻을 헤아릴 능력이 없는 사람이 하나님의 뜻을 다 헤아릴 수 있는 것처럼 평가하고 비판하는 것은 옳지 못하다, 이 세상이 전부가 아니다, 이 세상이 전부인 것처럼 그렇게 소리 지르지 말아라 하고 말합니다. 그리고 하나님은 우리 이성 너머에 계시기 때문에 이성이란 그물에 걸리지 않으신다, 알기 쉽고, 그래서 내 마음대로 컨트롤되고, 내 좁은 머리에 갇혀 있는 하나님이 아니다, 그래서 믿는 것이다, 어떤 상황이든 '왜'냐고 묻지 말고 '네'라고 대답해야 한다고 덧붙입니다. 아내는 자기가 병든 것이 하나님의 뜻을 드러내기 위해서라는 걸 믿는다는 말까지 합니다.

한정효는 의식이 희미해져 죽어가면서도 이렇게 말하는 아내가 더 미웠습니다. 하나님이 어떻게 이렇게 독실하고 헌신적인 사람을 지독한 병에 걸리게 할 수 있는지, 거기서 무슨 뜻을 찾으란 말인지 알 수 없었습니다. 이런 남편을 향해 아내는 욥기의 후반부를 인용하면서 오히려 밝은 모습으로 남편을 위로합니다. 그러면서 평생 동안 읽고 읽어 낡을 대로 낡은 성경을 남편 손에 건넵니다. 그리고 마지막 숨을 거둡니다. 한정효는 책을 덮으면서 한참이나 허공을 응시하며 상념에 잠겼습니다.

힘겨운 투병을 하다 죽어 가면서 절규하듯 고백하는 아내의 음성을 듣고 하나님은 어떤 심정이셨을까요? 내가 만일 이 상황이라면 내 입에서는 어떤 말이 나올까요? 이런 상황 속에서 내 믿음은 과연 어떻게 표현될까요?

하나님을 찌르는 인간의 교만

하나님은 우리의 입에서 어떤 말이 나올 때, 우리가 어떤 기도를 올릴 때 기뻐하실까요? 느부갓네살이 두라 평지에 엄청난 크기의 신상을 세웠습니다. 무려 30미터 높이의 신상이었습니다. 겉으로는 바벨론이 섬기는 신, 벨의 신상인 것처럼 위장했으나 사실은 자신을 기리는 동상이었습니다. 이 거대한 동상의 머리부터 발끝까지를 금으로 만든 이유가 도대체 무엇일까요?

하나님은 꿈을 통해서 대제국 바벨론이 금, 은, 동, 쇠, 진흙처럼 점점 쇠하다가 결국엔 먼지처럼 사라질 것을 보여 주셨습니다(단 2:31-35). 그것은 하나님의 뜻이었습니다. 이 뜻을 느부갓네살은 인정할 수 없었습니다. 어떻게 해서 세운 제국인데 무너진단 말입니까.

그래서 느부갓네살은 보란 듯이 금으로 뒤덮인 거대한 신상을 세웠습니다. 금은 영원하다는 뜻을 가지고 있습니다. 그러므로 이 신상은 하나님의 주권에 대한 도전이며 거역이요, 나아가 하나님보다 더 높아지려는 교만의 표현이었습니다.

그는 여기서 멈추지 않았습니다. 온 백성이 그 신상 앞에 절하도록 명령했습니다. 분위기를 고조시키기 위해 나팔과 피리, 수금 등 각종 악기까지 동원했습니다. 그 악기 소리가 들릴 때 일제히 절을 하라는 것이었습니다. 절하지 않는 자는 맹렬히 타는 불에 던져 넣겠다며 신상 곁에 풀무불까지 피워 놓았습니다(단 3:6). 이 상황에서 그 명령에 불복할 수 있는 사람은 없었습니다. 누가 그 풀무불 앞에서 감히 딴 생각을 하겠습니까. 모든 백성이 다 그 신상 앞에 엎드려 절했습니다(단 3:7).

타협하지 않는 믿음

그런데 의외의 사건이 터졌습니다. 신상 앞에 엎드리지 않고 꼿꼿이 서있는 자들이 나타났기 때문입니다. 바로 다니엘의 친구 사드락, 메삭, 아벳느고였습니다. 느부갓네살은 이들의 반응에 당황하며 놀랐을 것입니다.

그들은 자신이 지방 장관으로 발탁한 자들입니다(단 2:49). 그 누구보다 왕으로부터 은전(恩典)을 입은 자들입니다. 더군다나 속국에서 포로로 잡혀온 천한 신분입니다. 다른 사람은 몰라도 그들이 왕의 명령에 거역할 것이라고는 꿈에도 생각지 못했습니다. 그런데 그들이 지금 왕의 명령을 거스르며 꼿꼿이 서있습니다. 왕의 권위가 추락되는 순간입니다.

느부갓네살은 무척이나 불쾌했지만 감정을 억누르며 한 번 더 기회를 주기로 했습니다. 그러면서 더 강력한 압박 카드를 내밀었습니다. 그것은 이글거리는 풀무불을 일곱 배나 더 뜨겁게 하여 두려움을 가중하는 것이었습니다. 하지만 그 무시무시한 현장에서 무슨 말이 터져 나왔습니까?

사드락과 메삭과 아벳느고가 왕에게 대답하여 이르되 느부갓네살이여 우리가 이 일에 대하여 왕에게 대답할 필요가 없나이다 왕이여 우리가 섬기는 하나님이 계시다면 우리를 맹렬히 타는 풀무불 가운데에서 능히 건져내시겠고 왕의 손에서도 건져내시리이다 그렇게 하지 아니하실지라도 왕이여 우리가 왕의 신들을 섬기지도 아니하고 왕이 세우신 금 신상에게 절하지도 아니할 줄을 아옵소서. 단 3:16-18

이 세 구절은 우리 신앙의 단계를 보여 줍니다. 로마서 8장 29절에 보면, 구원에는 다섯 단계가 있습니다. 미리 아심과 미리 정하심, 부르심, 의롭다하심, 영화롭게 하심입니다. 마찬가지로 신앙에도 세 단계가 있습니다.

신앙은 16절에서 시작합니다.

16절은 타협을 하지 않겠다는 신앙의 표현을 타나냅니다. '하나님인가, 벨 우상인가? 하나님인가, 느부갓네살인가?' 하나님에 대한 신앙은 타협의 대상이 아닙니다. 고린도교회의 문제는 의와 불법, 빛과 어둠, 그리스도와 벨리알, 하나님의 성전과 우상 사이에서 타협하는 것이었습니다.

너희는 믿지 않는 자와 멍에를 함께 메지 말라 의와 불법이 어찌 함께 하며 빛과 어둠이 어찌 사귀며 그리스도와 벨리알이 어찌 조화되며 믿는 자와 믿지 않는 자가 어찌 상관하며 하나님의 성전과 우상이 어

찌 일치가 되리요. 고후 6:14-16

주님께서 말세를 살아가는 우리에게 이렇게 경고하십니다.

> 한 사람이 두 주인을 섬기지 못할 것이니 혹 이를 미워하고 저를 사랑하거나 혹 이를 중히 여기고 저를 경히 여김이라 너희가 하나님과 재물을 겸하여 섬기지 못하느니라. 마 6:24

여호수아는 죽기 전에 이렇게 권면합니다.

> 만일 여호와를 섬기는 것이 너희에게 좋지 않게 보이거든 너희 조상들이 강 저쪽에서 섬기던 신들이든지 또는 너희가 거주하는 땅에 있는 아모리 족속의 신들이든지 너희가 섬길 자를 오늘 택하라 오직 나와 내 집은 여호와를 섬기겠노라 하니. 수 24:15

하나님이 함께하시는 것으로 족한 믿음

여기서 한 단계 더 올라가면 17절 앞에 섭니다. 17절은 내가 선택한 하나님에 대한 고백입니다. 다니엘의 세 친구는 지금 자신들이 붙잡은 하나님에 대해 고백하고 있습니다. 그런데 17절의 번역이 좀 아쉽습니다. "우리가 섬기는 하나님이 계시다면"이라는 부분인데, 마치

If(만약)로 시작되는 문장처럼 느껴집니다. 하나님이 계신지 안 계신지, 흔들리는 듯한 표현처럼 느껴지기 때문입니다.

실제 원문은 그렇지 않습니다. 'yek-ale'이라는 단어가 문장 제일 앞에 등장합니다. 이 말은 아람어 동사로, '하나님은 계신다. 그 하나님은 능히 하실 수 있다'라는 강한 긍정의 뜻입니다. 이 동사가 특이하게도 문장 제일 앞부분에 배치되어 있습니다. 그래서 이 문장은 강조형 문장입니다. 그 어떤 의심이나 흔들림도 찾아볼 수 없습니다.

"하나님이 계신다. 그러므로 만일 그렇게 된다면, 왕이시여, 우리가 섬기는 하나님께서 맹렬히 타는 풀무불 가운데서 분명히 우리를 건져 내시고, 왕의 손에서도 구해 줄 것입니다"라는 뜻이 더 정확한 표현입니다. 우리는 이 17절에서 사드락과 메삭, 아벳느고의 믿음을 봅니다.

'우리가 하나님을 믿고 신뢰하는 이상, 하나님은 분명 우리를 도우실 것이다. 우리가 정당한 일을 하면 하나님은 분명 우리와 함께하신다. 그 어떤 상황에서도 하나님은 우리의 도움이 되실 것이다.' 이것이 신앙의 두 번째 단계입니다.

나는 어떠합니까? 나의 신앙단계는 어디쯤 와있습니까? 타협을 요구하는 자리에서 내가 선택한 전능자에 대한 흔들림 없는 믿음을 갖고 있습니까? 지금 내 상황이 어떠할지라도, 설령 그곳이 풀무불과 같은 곳이라 할지라도 그곳에서 나를 능히 건져 주실 분이 내가 믿는 하나님이심을 믿습니까? 질병과 가난, 태산, 낭떠러지에서라도 하나님이 함께하시며 도우실 것을 믿습니까? 진정 이사야 43장 2절의 하나님을 믿습니까?

> 네가 물 가운데로 지날 때에 내가 너와 함께 할 것이라 강을 건널 때에 물이 너를 침몰하지 못할 것이며 네가 불 가운데로 지날 때에 타지도 아니할 것이요 불꽃이 너를 사르지도 못하리니. 사 43:2

'그리 아니하실지라도'의 믿음

그런데 이 단계가 끝이 아닙니다. 이들의 고백은 18절에서 그 절정에 달합니다.

> 그렇게 하지 아니하실지라도 왕이여 우리가 왕의 신들을 섬기지도 아니하고 왕이 세우신 금 신상에게 절하지도 아니할 줄을 아옵소서. 단 3:18

이건 17절의 분위기와는 차원이 완전히 다릅니다. "그렇게 하지 아니하실지라도"라는 부분 때문입니다. "그렇게 하지 아니하실지라도"는 어떤 의미를 함축하고 있을까요? 우리가 쓰고 있는 용어 중에 제일 실감나고 맛깔스럽게 이 의미를 잘 드러내는 어휘가 있습니다.

우리 교회에 북한에서 내려온 가족이 많이 있습니다. 이들에게 혹시 좀 도와줄 것은 없는지 물어보면 돌아오는 대답이 열이면 열 다 "일 없습니다"입니다. 처음엔 억센 발음 탓인지 제대로 알아듣지 못했습니다. 그래서 한 새터민 자매에게 전화를 해서 그 뜻을 물었더니, '괜찮습니다. 전혀 불만이 없습니다. 나를 의식하거나 염두에 두지 마세요. 관계없습니다. 부족하거나 불편한 것이 없습니다'라는 뜻이라고 가르쳐 주었습니다.

18절의 의미를 가장 잘 나타내는 말이 바로 이 "일 없다"가 아닌가 생각합니다. 하나님이 어떻게 행하시든 전혀 상관하지 않습니다, 그 어떤 감정이나 불만이 없습니다, 불평하지 않겠습니다 하는 표현입니다.

우리는 왜 신앙생활을 합니까? 왜 사시사철 꽃 구경, 단풍 구경 한 번 가지 않고 하나님 앞에 나아와 예배합니까? 경제적으로 풍족하지도 않은데 왜 구별하여 십일조를 드리고, 교회 구석구석에서 봉사합니까? 도대체 그 저의(底意)가 무엇입니까?

내가 하나님을 부를 때, 하나님을 필요로 할 때 날 좀 도와주시면 좋겠다는 바람이 마음 깊은 곳에 숨어 있지 않습니까? 내가 지금 믿음으로 살면 하나님은 내 우편 그늘이 되어 주시고, 질병에서 지켜 주시고, 사업도 잘되고, 자녀들도 형통하게 해주실 것이라는 기대 때문이 아닙니까? 이것은 절대로 잘못된 것이 아닙니다.

진짜 문제는 내가 믿는 그 하나님이 내 기대에 항상 부응해 주시지 않는다는 것입니다. 하나님이 정확히 내가 원하는 시간에 내 절절한 소원을 들어주시는 일은 별로 없습니다. 오히려 그 반대입니다. 그때

대부분의 사람들은 어떻게 반응합니까?

아브라함의 아내 사라는 장막 뒤에서 하나님을 향해 코웃음을 쳤습니다(창 18:15). 욥의 아내는 "하나님을 욕하고 죽으라"(욥 2:9)고 저주했습니다. 광야의 이스라엘 백성은 금송아지를 만들고 "너희를 애굽 땅에서 인도하여 낸 너희의 신이로다"(출 32:4)라고 말하며 하나님을 배신했습니다. 다윗은 "내 하나님이여 어찌하여 나를 버리셨나이까 어찌 나를 멀리 하여 돕지 아니 아니하시니이까"(시 22:1)라고 부르짖었습니다. 하박국은 어찌하여 죄악이 판을 치는지 알려달라고 호소했습니다(합 1:1-4).

그들은 한결같이 하나님에게 어떤 기대를 품었습니다. "전능하신 하나님이 도와주실 것이다. 놀라운 일을 행해 주실 것이다. 나를 건져 주실 것이다. 지키고 고쳐 주실 것이다. 채워 주실 것이다. 합격시켜 주실 것이다." 이런 기대를 품고 하나님을 믿고 헌신했는데, 막상 내가 원하는 때에 하나님은 오시지도, 나타나시지도, 역사하시지도 않았습니다. 낙심천만입니다. 그 실망의 표현이 앞의 말과 행동으로 나타난 것입니다.

우리도 하나님에게 '섭섭병'을 가지고 있습니다. 그런데 사드락과 메삭, 아벳느고는 어떠했습니까? 그들 역시 우리와 똑같은 사람입니다. 그런데 풀무불앞에서 그야말로 "일 없습니다" 하는 자세를 취하고 있습니다. 하나님이 도와주지 않으셔도, 손을 들어 구해 주지 않으셔도, 내 바람을 외면하셔도 "일 없습니다"라고 말합니다. "'그리 아니하실지라도' 전혀 상관하지 않겠다. 섭섭해 하거나 불평하거나 낙심하지 않겠다"고 말합니다.

그들의 이런 고백 속에는 '하나님을 흥정의 대상으로 생각하지 않는다'는 뜻이 담겨 있습니다. 하나님이 뭘 해주시길 기대하기 때문에 믿고, 따르고, 경배하는 것이 아니라는 것입니다. "이미 그분에게서 받은 것이 너무 크고 많아서 이미 받은 것으로 족하다. 지금 내 하나님은 경배를 받으시기에 합당하신 분이다. 그분이 주고 안 주고, 역사하고 역사하지 않으시고는 내 영역이 아니다. 전적으로 그분의 뜻이다. 단지 나의 찬양과 경배를 받으시기에 합당하신 분이기에 지금 내가 이 자리에 서있다." 이런 신앙관과 고백이 '그렇게 아니하실지라도', '일 없습니다'에 담겨 있습니다.

〈광해, 왕이 된 남자〉라는 영화가 2012년 대선 정국과 맞물리면서 일주일 만에 관객 천만 명을 돌파했습니다. 이 영화는 정통 사극이 아닌 '팩션 사극'입니다. 팩션(faction)이란 사실(fact)에 픽션(fiction), 즉 작가의 상상력을 가미한 역사극이라는 뜻입니다. 조선왕조실록에 의하면 조선의 광해군 8년째 되는 해에 15일의 기록이 사라지고 없다고 합니다. 작가는 여기에 착안해 그 15일 동안 목숨을 위협 당하던 광해군이 자신을 대신해 왕 노릇할 사람을 세운다는 픽션을 가미했습니다.

놀이패의 광대인 만담꾼 하선이 주상 앞으로 불려갑니다. 하선은 왕을 대신할 바람막이, 생명 방패 그 이상도 이하도 아니었습니다. 하선은 처음에는 이왕 왕 노릇하는 것, 제대로 해보자는 심정으로 도서

관에서 공부를 한 후, 대동법 등을 밀어붙입니다. 그러나 궁궐에는 하선이 진짜 왕이 아니라는 소문이 퍼지고 생명의 위협을 느낍니다. 그 와중에 원하면 진짜 왕을 만들어 주겠다는 제안도 받습니다. 하지만 하선은 "나도 왕이 되고 싶소. 그러나 내가 왕이 된다고 날 위해 누가 목숨을 바치거나 잃는다면 나는 왕을 안 하겠소. 내 꿈은 내가 꾸겠소" 하고 말하면서 미련 없이 왕의 자리에서 내려옵니다.

사실 하선은 진짜 왕을 대신하여 국사를 돌보는 과정에서 소신껏 최선을 다했습니다. 무엇보다 몇 번이나 생명의 위협까지 당했습니다. 그렇다면 당연히 그에 상응한 대가를 기대하는 것이 정상입니다. 그런데 하선은 그렇게 하지 않았습니다. '나 같은 광대가 왕의 자리에 올라 왕 노릇했다'는 것으로 만족했습니다. 그 어떤 것도 바라지 않고 미련 없이 떠났습니다.

왜 예수님을 믿습니까? 왜 하나님을 경외합니까? 무엇인가를 기대하기 때문입니까? 이미 그분은 우리에게 너무 많은 것을 주셨습니다. 목숨을 주셨고, 독생자 아들까지 주셨습니다. 여기가 끝이 아닙니다. 우리를 '왕 같은 제사장'(벧전 2:9)의 자리에까지 앉혀 주셨습니다. 하나님은 아까운 것 없이 다 주실 준비가 되어 있습니다. 그런데 그 아버지의 마음도 모른 채 우리는 뭔가를 기대하고, 조르고, 섭섭해하고, 토라지고, 원망합니다. 그럴 때 하나님 아버지의 심정은 어떠할 것 같습니까?

하나님은 하나님이시다

하박국은 처음에는 아버지의 이런 마음을 몰랐습니다. 그래서 불평하고 원망을 쏟아냈습니다. '왜'를 반복했습니다. 그런 그가 나중에 아버지의 음성을 듣고 아버지의 마음을 알게 되었습니다. 하박국은 그제야 무엇이라고 고백합니까?

'일 없습니다'라고 고백했습니다. 무화과나무와 포도나무에 열매가 없어도 일 없습니다. 감람나무에 소출이 없어도 일 없습니다. 밭에 먹을 것이 없어도 일 없습니다. 우리에 양이 없고, 외양간에 소가 없어도 일 없습니다. 여호와 한 분만으로 만족하고 기뻐합니다. 왜냐하면 '주 여호와는 나의 힘'이시기 때문입니다(합 3:17-19).

자녀들이 유산을 탐내서 부모를 따른다면, 부모의 심정이 어떨 것 같습니까? 몹시 씁쓸할 것입니다. 하나님은 우리의 중심을 정확히 읽으시는 분입니다. 그런데 그 하나님 앞에서 우리는 너무 계산적이지 않습니까?

하나님을 향하여 자신의 욕심을 채우는 그 어떤 기대도 하지 마십시오. 단지 내 찬양과 경배를 받으시기에 합당하신 분이시기에 경배하는 것입니다. 그러면 하나님이 역사하십니다. 기적을 베푸십니다. 하나님을 향하여 "일 없습니다" 하십시오. 그러면 놀라운 일을 경험하게 될 것입니다.

다니엘의 세 친구가 하나님을 향하여 "일 없습니다" 했을 때 하나님은 다니엘의 세 친구들이 던져진 풀무불 속으로 친히 뛰어들어 오셨습니다. 그리고 그들과 함께하시며, 그들을 지키시고, 보호하시고, 그들이 머리카락 한 올 다치기는커녕, 불탄 냄새조차 몸에 배지 않도록 은혜를 베푸셨습니다.

우리의 입에서도 "일 없습니다"라는 고백이 터져 나오기를 소원합니다. 왜냐하면 이 말이 하나님의 마음을 가장 기쁘시게, 또 시원하게 해드리는 고백이기 때문입니다. 하나님이시기 때문에 하나님을 바라보십시오. 그런 자에게 하나님께서 은혜 베풀어 주십니다.

다니엘 3:19-27

11
그런 친구들이 있는가?

내 곁에 있는 사람들과 좋은 관계를 회복하십시오.
그러면 그 현장에 능력의 주님이 친히 찾아오십니다.
그분이 함께하십니다. 불 속에서 끄집어내 주십니다.

2001년에 곽경택 감독의 〈친구〉라는 영화가 공전의 히트를 기록했습니다. 이 영화는 당시 최대의 관객을 불러 모았고, 연말에는 청룡상을 위시하여 남우주연상과 감독상, 작품상 등 많은 상을 휩쓸었습니다.
부산을 배경으로 한 이 영화에는 폭력 조직의 두목을 아버지로 둔 준석과 가난한 장의사의 아들 동수, 화목한 가정에서 티 없이 자란 상택, 밀수업자를 부모님으로 둔 중호, 이 네 친구가 등장합니다. 이들은 어딜 가든 함께하며 우정을 쌓아갑니다. 고등학교 졸업 이후에 서로의 길은 달랐으나 의리로 똘똘 뭉친 그야말로 친구들이었습니다. 당시 "친구 아이가!" 하는 억센 경상도 사투리가 전국을 강타하기도했습니다.

성경에서도 좋은 친구를 둔 사람들이 있습니다. 다윗과 요나단(삼상 20:17), 빌립과 나다나엘(요 1:45), 바울과 바나바(행 13:2) 등이 우선 떠오릅니다. 그 중에서 인상 깊은 두 커플을 언급하지 않을 수 없습니다. 하나는 욥과 그의 친구들이요, 또 하나는 다니엘과 그의 친구들입니다.

욥과 다니엘에게는 공통점이 있습니다. 우선, 친구가 세 사람씩이었습니다. 욥의 친구는 엘리바스, 빌닷, 소발이었고, 다니엘의 친구는 사드락, 메삭, 아벳느고였습니다. 또 하나는 그들이 신앙 안에서 맺어진 친구였다는 점입니다.

> 너희는 믿지 않는 자와 멍에를 함께 메지 말라 의와 불법이 어찌 함께 하며 빛과 어둠이 어찌 사귀며. 고후 6:14

무엇보다도 그들은 고난 중에 함께하는 친구들이었습니다. 친구가 잘 나가서가 아니라 친구가 어려움에 처했을 때 함께하는 자들이었습니다.

욥의 친구들

그러나 좀 더 자세히 살피면 욥의 친구들과 다니엘의 친구들은 확연히 달랐습니다. 먼저 욥과 그의 친구들은 어떠했을까요? 욥이 고난에 던져졌습니다. 그 소식을 들은 친구들이 어떤 모습을 보여 줬는지 보십시오.

> 그 때에 욥의 친구 세 사람이 이 모든 재앙이 그에게 내렸다 함을 듣고 각각 자기 지역에서부터 이르렀으니 곧 데만 사람 엘리바스와 수아 사람 빌닷과 나아마 사람 소발이라 그들이 욥을 위문하고 위로하려 하여 서로 약속하고 오더니 눈을 들어 멀리 보매 그가 욥인 줄 알기 어렵게 되었으므로 그들이 일제히 소리 질러 울며 각각 자기의 겉옷을 찢고 하늘을 향하여 티끌을 날려 자기 머리에 뿌리고 밤낮 칠 일 동안 그와 함께 땅에 앉았으나 욥의 고통이 심함을 보므로 그에게 한 마디도 말하는 자가 없었더라. 욥 2:11-13

정말 가슴 뭉클한 장면입니다. 특히 밤낮 칠 일 동안 함께 앉아 있으면서 "한 마디도 말하는 자가 없었더라"는 부분이 인상적입니다. 진정한 위로에는 말이 필요 없습니다. 그냥 함께 있어 주면서, 함께 울어 주면 됩니다. 상대를 신앙적으로 위로한답시고 던지는 어쭙잖은 말이 오히려 더 큰 상처를 주기도 합니다. 그런데 욥은 너무 힘들었습니다. 그래서 친구들에게 위로라도 받을 요량으로 입을 열었습니다.

> 그 후에 욥이 입을 열어 자기의 생일을 저주하니라 욥이 입을 열어 이르되. 욥 3:1-2

이렇게 욥이 입을 열어 자신의 생일을 저주하면서 밤, 흑암, 죽음, 캄캄함이라는 단어들을 쏟아냅니다. 자신의 기막힌 현실을 토로합니다. 그러자 가만히 듣고 있던 엘리바스가 나섭니다(욥 4장). 물론 그 역시 좋은 뜻으로 위로를 건네기 위해 덩달아 입을 열었을 것입니다. 하지만 말을 하다 보니 자기도 모르게 가시와 같은 말을 던집니다.

생각하여 보라 죄 없이 망한 자가 누구인가 정직한 자의 끊어짐이 어디 있는가 내가 보건대 악을 밭 갈고 독을 뿌리는 자는 그대로 거두나니 다 하나님의 입 기운에 멸망하고 그의 콧김에 사라지느니라. 욥 4:7-9

이 말을 들은 욥은 상처를 받고 그때부터 친구들 사이에 험한 말이 오가기 시작했습니다. 욥이 맞받아칩니다. 그러자 옆에 있던 빌닷이 나서고, 그 옆에 잠잠히 있던 소발이 거듭니다. 1 대 3이 되었습니다. 코너에 몰리자 욥이 무엇이라고 자신을 변호하는지 보십시오.

욥이 자신을 의인으로 여기므로 그 세 사람이 말을 그치니 람 종족 부스 사람 바라겔의 아들 엘리후가 화를 내니 그가 욥에게 화를 냄은 욥이 하나님보다 자기가 의롭다 함이요. 욥 32:1-2

자신이 하나님보다 의롭다고 소리 지르는 욥과 친구들은 서로 치열한 공방을 벌입니다. 한 치의 양보도 없습니다. 이런 팽팽한 흐름이 무려 욥기 37장까지 이어집니다. 이제 그들은 더 이상 친구지간이 아니었습니다. 깨질 대로 깨어진 원수지간, 더 이상 회복이 불가능한 사이가 되어 버렸습니다. 가까운 사람과의 관계가 한번 뒤틀리면 회복이 정말 힘듭니다.

다니엘의 친구들

그런데 다니엘의 친구들은 어떠했습니까? 두라 평지에 세워진 신상 앞에서 꼿꼿했습니다. 느부갓네살이 이들을 불러 협박하면서 일곱 배나 뜨거운 불로 공포 분위기를 조성했으나 그들은 엎드리지 않았습니다. 전혀 흔들리지 않았습니다.

다니엘의 친구들은 거기에 대답할 필요가 없다고, 하나님이 건지실 것이라고 말합니다. 그리고 여기서 한 단계 더 나아가 '그리 아니하실지라도 상관없습니다' 하는 모습을 보여 줍니다. 이 얼마나 차원 높은 신앙의 단계입니까.

그런데 사실, 가만히 생각해 보면 이 고백이 그렇게 특별한 것은 아닙니다. 우리도 "불속에라도 들어가서, 불속에라도 들어가서", "주 예수보다 더 귀한 것은 없네", "주님 한 분만으로 나는 만족해", "무화과나뭇잎이 마르며 포도열매 없으며" 등 찬양을 부르며 이런 고백을 많이 했습니다.

문제는 고난이 현실이 되었을 때입니다. 막상 그 일이 나에게 일어났을 때 우리는 어떻게 반응합니까? 일곱 배나 뜨거운 불이 내 앞에서 활활 타오르고 있습니다. 나를 불에 던지기 위해 결박을 시작했습니다. 불에 던지려는 자가 불에 그슬려 죽는 끔찍한 일이 눈앞에 펼쳐지고 있습니다.

풀무불 속에서도 함께하는 친구들

이쯤 되면 적전분열(敵前分裂) 현상이 일어나기 마련입니다. "누구 때문에 이래야 하느냐"며 원망하고, 대열에서 이탈하는 사람이 생기는 것이 정상입니다. 그런데 다니엘의 친구들은 그렇지 않았습니다. 끝까지 한 마음, 한 뜻이었습니다. 그야말로 '세 겹 줄'이었습니다. 셋이 다 함께 맹렬히 타는 불꽃 가운데 던져졌습니다. 그러나 그것으로 끝이 아니었습니다. 도대체 어떤 일이 일어났습니까? 느부갓네살이 놀라며 자리에서 급히 일어났습니다.

> 그 때에 느부갓네살 왕이 놀라 급히 일어나서 모사들에게 물어 이르되 우리가 결박하여 불 가운데에 던진 자는 세 사람이 아니었느냐 하니 그들이 왕에게 대답하여 이르되 왕이여 옳소이다 하더라. 단 3:24

느부갓네살은 더 놀라운 사실을 발견했습니다.

> 왕이 또 말하여 이르되 내가 보니 결박되지 아니한 네 사람이 불 가운데로 다니는데 상하지도 아니하였고 그 넷째의 모양은 신들의 아들과 같도다 하고. 단 3:25

놀란 왕은 다니엘의 친구들을 풀무불에서 급히 불러냅니다. 나오는데 보니 다시 세 사람이었습니다. 불꽃 속에서는 분명 네 사람이었는데 눈앞에는 세 사람이었습니다. 느부갓네살은 그 넷째 사람이 "신들의 아들과 같도다"라고 표현했습니다. '신들의 아들'이 과연 누구였을까요? 제롬이나 칼뱅, 영 등은 인자(人子, 하나님의 아들)를 가리킨다는 입장을 취합니다. 물론 구약에서의 현현을 성육신전의 그리스도와 연결하는 것에 대한 거부감을 나타내는 학자도 있습니다.

그러나 이 부분에 너무 예민할 필요가 없습니다. 분명한 사실은 '한 사람'이 그 현장에 나타나셨다는 것이요, 그 사람으로 말미암아 던져지자마자 불에 타버릴 사드락, 메삭, 아벳느고가 불에 타지 않았다는 사실입니다.

이 사건과 관련하여 우리가 눈여겨보아야 중요한 몇 가지가 있습니다. 첫째, 이 풀무불 사건과 관련하여 그들이 어떤 형태로 거명되고 있느냐는 것입니다. 본문 다니엘 3장 12절부터 살펴보십시오(단 3:12-14, 16, 19-20, 22-23, 26, 28-30). 세 사람의 이름이 또박또박 언급되고 있습니다. 문장 흐름상 그냥 세 사람이라고 해도 전혀 문제가 없습니다. 그런데도 이 세 사람의 이름이 모두 열두 절에 걸쳐서 언급되고 있습니다. 열두 절에 걸쳐서 언급되는 것이 우연일까요? 열둘이라는 숫자가 성경에서 의미하는 바가 무엇인지 우리는 잘 알지 않습니까?

둘째, 그러다가 불에 던져지기 직전, 클라이맥스 부분에서는 그 이름들이 더 자주 반복되고 있습니다(단 3:20-23). 마치 어떤 시작을 알리는 북소리와도 같습니다. 왜 그럴까요?

셋째, 더 중요한 사실이 있습니다. 그것은 다니엘 3장 24절입니다. 24절에는 전체 흐름으로 볼 때 당연히 세 사람의 이름이 나열되어야 합니다. 그런데 이번에는 이름이 언급되지 않고 그냥 세 사람이라고만 나옵니다. 지금까지 각각 언급되는 이름들을 하나로 묶어 버렸습니다. 그것도 "신들의 아들"과 함께 말입니다. 그곳이 어디입니까? 풀무불 속입니다.

넷째, 그러다가 저들이 풀무불 속에서 나왔을 때 다시 세 사람이라고 하지 않고 저들 이름을 각각 거명하고 있습니다. 그 이유는 무엇일까요?

다섯째, 이 사건 이후에는 단 한번도 이들의 이름이 등장하지 않습니다. 12장까지 길게 이어지는데도 말입니다.

우리는 성경을 읽을 때 행산을 읽는 영적 안목이 필요합니다. 행산을 통한 메시지는 글자를 통해 전해지는 메시지보다 더 강렬합니다. 지금 성령께서는 이 풀무불 사건을 대하는 독자들을 향하여 열 두절에 걸쳐서 세 사람의 이름을 또박또박 기록하고 있습니다. 그러다가 풀무불에 던져지기 직전에는 더 자주 언급합니다. 그런데 풀무불 속에서는 일부러 그 세 사람을 "신들의 아들"과 묶어 버립니다. 그러다가 풀무불에서 나올 때는 다시 세 사람의 이름을 각각 기록하고 있습니다. 그리고 그 이후에는 흔적조차 없이 사라지게 만듭니다. 뭔가 중요한 메시지를 전달하는 것 같지 않습니까?

우리 교회 지하 식당을 얼마 전에 리모델링했습니다. 막바지에 한 집사님이 와서 성경말씀을 새겨 넣었으면 좋겠다고 하면서 꼭 필요한 성경 구절을 뽑아 달라고 했습니다. 1,189장, 3만 2,098절의 성경에서 심사숙고하여 뽑은 구절이 시편 133편이었습니다.

> 보라 형제가 연합하여 동거함이 어찌 그리 선하고 아름다운고 머리에 있는 보배로운 기름이 수염 곧 아론의 수염에 흘러서 그의 옷깃까지 내림 같고 헐몬의 이슬이 시온의 산들에 내림 같도다 거기서 여호와께서 복을 명령하셨나니 곧 영생이로다. 시 133:1-3

굉장히 아름다운 말씀이기에 두 군데나 새겨 두었습니다. 하나님은 주의 자녀들이 순결한 신앙 안에서 함께하는 것을 무척이나 귀하고 아름답게 보십니다.

다윗이 노래한 이 아름다운 시를 좀 더 자세히 봅시다. 형제가 동거하는 것을 굉장히 아름답게 보시는 하나님은 기름을 머리에서부터 쏟아 부어 주십니다. 헐몬의 이슬을 허락하십니다. 그런데 이 시에서 놓치지 말아야 할 것은 그 현장에서 복을 명하시는데 그게 '영생'이라는 것입니다. 여기서 말하는 영생은 과연 무엇일까요?

> 또 아는 것은 하나님의 아들이 이르러 우리에게 지각을 주사 우리로 참된 자를 알게 하신 것과 또한 우리가 참된 자 곧 그의 아들 예수 그리스도 안에 있는 것이니 그는 참 하나님이시요 영생이시라. 요일 5:20

> 시몬 베드로가 대답하되 주여 영생의 말씀이 주께 있사오니 우리가 누구에게로 가오리이까. 요 6:68

예수님은 영생의 말씀이십니다. 아니, 예수님은 영생 그 자체이십니다. 그런데 하나님이 형제가 연합하여 동거하는 바로 그 현장에 영생이신 그분을 보내십니다. 그곳이 어디든지 영생이신 주님이 함께하십니다. 설령 그 현장이 풀무불일지라도 그곳에 주님이 함께하십니다. 영생이신 그분과 내가 하나로 묶이면 나도 영생합니다. 풀무불에서도 타지 않습니다. 불에 그슬리지 않습니다. 불탄 냄새도 나지 않습니다.

관계의 힘

결국, 관계입니다. 누구와 어떤 관계를 맺는지가 중요합니다. 우리가 들고 있는 이 성경은 명제신학과 관계신학으로 대별됩니다. 명제신학이란 하나님, 그 하나님의 위대한 역사, 예수 그리스도, 그분의 십자가 구원사역, 성령, 성령의 위로, 감동, 충만하심이 과연 어떤 것인지를 논하고, 거기에 초점을 맞추는 신학입니다. 명제신학은 전통적 교리와 신학적 유산을 잘 보존하는 데 그 사명이 있습니다. 명제신학은 대단히 중요합니다.

그러나 여기에서 멈추면 그것은 반쪽 신학이요, 반쪽 신앙입니다. 관계신학으로 나아가야 합니다. 관계신학이란 내 곁에 두신 인간관계에 관심을 두고, 어떻게 그 관계를 성숙시켜 나갈 것인지에 무게를 두는 것입니다. 즉 내 삶의 현장인 가정과 교회, 직장, 지역사회, 생활현장이 주된 관심 분야가 됩니다.

오늘날 기독교가 안고 있는 문제가 무엇일까요? 명제신학이 부족하기 때문일까요? 그렇지 않습니다. 명제신학은 많이 알려졌으며 학문적으로도 매우 발달되었습니다. 그런데 관계신학이 명제신학을 따라가지 못하고 있습니다. 마치 바퀴 크기가 서로 다른 마차가 굴러가는 것처럼 뒤뚱거립니다. 앞으로 나아가지 못하고 제자리에서 빙빙 돕니다. 우스꽝스러운 모습을 연출하고 있습니다.

성경은 관계의 책입니다. 하나님조차도 '삼위일체'로 계심을 밝히십니다. 즉 관계로 계신다는 뜻입니다. 삼위(三位) 중에 한 위를 내쳐 버리면 온전한 하나님이 되실 수 없습니다. 때문에 하나님은 관계를 중요하게 생각하십니다. 그래서 하나님은 부부와 가족, 친구, 이웃을 주셨습니다. 신앙생활도 혼자서는 불가능합니다. 그래서 교회를 주셨고, 믿음의 동료, 특히 교역자들을 주셨습니다(엡 4:11). 나는 이들과 어떤 관계를 맺고 있습니까? 이웃과의 관계, 믿음의 동료들과의 관계, 교역자들과의 관계를 중요하게 생각하십시오.

흔들리지 않고 피는 꽃이 어디 있으랴

...

흔들리지 않고 가는 사랑이 어디 있으랴

...

젖지 않고 피는 꽃이 어디 있으랴

...

젖지 않고 가는 삶이 어디 있으랴

도종환 시인의 시 "흔들리지 않고 피는 꽃이 어디 있으랴"의 시구처럼 인생길을 가다 보면 우산도 준비되어 있지 않은데 소나기를 맞을 때가 있고 외투도 입지 않았는데 차디찬 겨울 삭풍을 만나기도 합니다. 그래서 인생길은 춥고 외롭습니다. 신앙의 길은 좁고 협착합니다. 이런 우리를 위하여 하나님은 지금 내 곁에 바로 그 사람을 주셨습니다. 그 사람과 좋은 관계를 맺으라고 말입니다.

지나온 삶의 뒤안길을 돌아봅시다. 행복하다고 느낄 때가 언제였습니까? 불행하다고 느낄 때는 또 언제였습니까? 경제적으로 부요하면 행복하고, 빈핍하면 불행하다고 느낍니까? 명예를 얻고 출세하면 행복하고, 그 반대이면 불행하다고 느낍니까? 전혀 그렇지 않습니다. 관계를 어떻게 맺고 사느냐, 그것이 관건입니다. 좋은 관계를 맺으면 인생이 가뿐합니다. 그러나 관계가 삐걱거리는 사람은 인생길이 무척 버겁습니다. 왜 그럴까요?

좋은 관계를 맺는 바로 그곳에 주님이 함께하시기 때문입니다. 설령 그곳이 맹렬한 풀무불이 이글거리는 곳일지라도 그곳에 주님이 함께하시기 때문입니다. 사드락과 메삭과 아벳느고가 좋은 관계를 맺고 있을 때 복의 근원, 영생이신 주님께서 그 현장에 오셔서 그들과 함께하셨습니다. 주님이 함께하시는 장소가 행복한 곳입니다.

욥과 그의 친구들은 처음에는 참 좋은 관계를 유지했습니다. 그런데 시간이 흐르면서 그 관계가 뒤틀리기 시작했습니다. 나중에는 더 이상 회복될 수 없는 지경에까지 이르렀습니다. 이들에게 내린 하나님의 처방은 무엇이었을까요? 엘리바스를 위시한 세 친구에게, 그리고 욥에게 무엇을 요구하셨을까요?

> 그런즉 너희는 수소 일곱과 숫양 일곱을 가지고 내 종 욥에게 가서 너희를 위하여 번제를 드리라 내 종 욥이 너희를 위하여 기도할 것인즉 내가 그를 기쁘게 받으리니. 욥 42:8

수소 일곱, 숫양 일곱은 완전수입니다. 그런데 그 짐승들을 가지고

11 그런 친구들이 있는가?

하나님께 가는 것이 아니라 욥에게 가서 번제를 드리라고 합니다. 또 하나님은 번제를 드리는 사람은 세 사람인데, 욥을 기쁘게 받으시겠다고 하십니다. 이것은 뒤틀린 관계를 먼저 회복하라는 뜻입니다. 그리고 욥에게는 관계가 뒤틀린 친구들을 위하여 기도하라고 요구하십니다. 이 역시 관계를 회복하라는 말씀입니다. 이 말씀에 따라 그들이 어떻게 했습니까?

> 이에 데만 사람 엘리바스와 수아 사람 빌닷과 나아마 사람 소발이 가서 여호와께서 자기들에게 명령하신 대로 행하니라 여호와께서 욥을 기쁘게 받으셨더라 욥이 그의 친구들을 위하여 기도할 때 여호와께서 욥의 곤경을 돌이키시고 여호와께서 욥에게 이전 모든 소유보다 갑절이나 주신지라. 욥 42:9-10

이같이 말씀에 순종하여 소원해졌던 관계를 회복했을 때, 하나님은 복을 쏟아부어 주셨습니다(욥 42:12 이하). 가정과 물질의 회복을 허락해 주셨습니다.

지금 어떤 상황에 내몰려 있습니까? 대단히 힘들고 어려운 상황에 처해 있습니까? 그래서 마치 풀무불에 던져진 것 같습니까? 어떻게 이 위기를 극복할 수 있을까요? 간단합니다. 하나님께서 여러분 곁에 두신 사람들과 손을 잡으십시오. 그리고 화해하십시오. 내 곁에 있는 사람들과 좋은 관계를 회복하십시오. 그러면 그 현장에 능력의 주님이 친히 찾아오십니다. 그분이 함께하십니다. 불 속에서 끄집어내 주십니다.

        그 사람을 그대는 가졌는가
           함석헌(1901-1989)

    만리 길 나서는 날
    처자들 내맡기며
    맘 놓고 갈 만한 사람
    그 사람을 그대는 가졌는가

    온 세상이 다 나를 버려
    마음이 외로울 때에도
    "저 맘이야" 하고 믿어지는
    그 사람을 그대는 가졌는가

    탔던 배 꺼지는 시간
구명대(救命帶)를 서로 사양하며
    "너만은 제발 살아다오" 할
    그 사람을 그대는 가졌는가
불의(不義)의 사형장(死刑場)에서

"다 죽여도 너희 세상 빛을 위해

저만은 살려 두거라" 일러줄

그 사람을 그대는 가졌는가

잊지 못할 이 세상을 놓고 떠나려 할 때

"저 하나 있으니" 하며

빙긋이 웃고 눈을 감을

그 사람을 그대는 가졌는가

온 세상의 찬성보다도

"아니" 하며 가만히 머리 흔들 그 한 얼굴 생각에

알뜰한 유혹 물리치게 되는

그 사람을 그대는 가졌는가

다니엘 3:19-26

12
세 겹 줄, 그 현장의 또 한 사람

다니엘의 담대함과 침착함, 흔들림 없는 발자취, 신앙의 절개 또한 기도에서 나왔습니다.
무엇을 해야 할지, 어떻게 걸어가야 할지,
눈앞의 문제를 어떻게 풀어야 할지, 주께서 지혜를 주십니다.

실패에서 건져 올린 성공

2011년 말, 포항제철의 강명원 파트장은 큰 상을 하나 받았습니다. 팀원들과 함께 온라인 공간에 '실패 토론방'을 만들어 생산 공정에서 일어난 실패 사례를 일 년 동안 솔직하게 공개한 덕분이었습니다. 이 공장은 일 년에 두 번씩 '실패 상'을 줍니다. 그 영향으로 다른 기업들도 지금까지는 쉬쉬하며 감추기에 급급했던 실패 사례를 양지로 끌어올리기 시작했습니다. 글로벌 시장에서 선두가 되려면 '똑똑한 실패'에 익숙해져야 한다는 사실을 깨달았기 때문입니다. 이건희 삼성 회장도 2012년도 신년사에서 "실패는 삼성인의 특권"이라며 "기존 틀을 깨고 새로운 것을 시도하라. 실패를 두려워하지 말라"고 주문했습니다.

그 결과가 어떻게 나타나고 있습니까? 2012년 8월 23일, 영국 브랜드 평가 컨설팅 업체인 '브랜드 파이낸스'에서 세계 500대 기업의 브랜드 가치를 평가한 결과, 삼성이 전 세계에서 6위를 차지했습니다. 2011년에는 18위였습니다. 그런데 실패하는 것을 오히려 삼성맨의 특권이라고 밝힌 회장의 격려에 힘입어 불과 1년 만에 세계의 유수한 기업 열 개 이상을 제치고 수직 상승한 것입니다.

스마트폰의 채팅 어플리케이션, '카카오톡'은 무려 7,000만 명 이상이 사용하고 있습니다. 카카오톡에는 '4-2' 법칙이 있습니다. 혁신적 아이디어가 나오면 네 명의 개발자가 함께 2개월간 시도하고 성공 가능성이 확인되면 회사의 역량을 결집해 신속하게 서비스를 내놓는다는 것입니다. 카카오톡도 이런 식으로 개발됐습니다. 이석우 카카오톡 공동 대표는 "지난날 타이밍을 놓쳐 실패한 경험에서 배운 교훈"이라고 말했습니다. 기존의 틀과 사고에 묶여 있거나 실패를 두려워하여 시도조차 하지 않는 자는 인생에서 아무것도 이루지 못하고 결국 도태해 버린다는 뼈아픈 지적입니다.

그런데 사람이면 누구나 실패를 두려워하여 회피하려는 특성인 예방초점과, 새로운 것을 시도하려는 특성인 향상초점을 동시에 가지고 있습니다. 대부분의 사람들, 특히 나이가 많고, 조직이 크고 오래될수록 예방초점에 더 무게를 둡니다.

실패학의 대가인 하타무라 요타로 일본 도쿄대 교수는 미지의 분야에 도전할 때 성공 확률은 0.3퍼센트에 불과하다는 통계를 내놓았습니다. 예견되는 99.7퍼센트의 실패를 감수할 용기가 있어야 한다는 것입니다. 그래서 나이가 많거나 연륜이 쌓이면 규정과 관행, 법을 더 우선시하는 예방초점이 강해져서 새로운 것을 시도하기보다는 현상 유지에 급급하고, 그러다보니 어느 틈엔가 뒤쳐지고, 급기야 무대에서 사라지게 됩니다. 개인이든 공동체든 예외가 없습니다.

그래서 미국 듀크대의 심 시트킨 교수는 실패를 감추기보다는 오히려 '똑똑한 실패'를 설계해야 한다고 조언합니다. 상식과 경험, 이성을 뛰어 넘으라는 뜻입니다. '더 좋은 실수, 실패'를 하자는 말입니다. 여러분은 어느 쪽입니까?

0퍼센트의 생존 확률

눈앞에 풀무불이 이글거리며 타고 있습니다. 그것도 일곱 배나 뜨거운 불이 말입니다(단 3:19). 그 불이 얼마나 뜨거웠던지 가까이 다가간 사람조차 타버릴 정도였습니다(단 3:22). 그 불 앞에서 느부갓네살 왕이 명령합니다.

> 너희는 나팔과 피리와 수금과 삼현금과 양금과 생황과 및 모든 악기 소리를 들을 때에 엎드리어 느부갓네살 왕이 세운 금 신상에게 절하

라 누구든지 엎드려 절하지 아니하는 자는 즉시 맹렬히 타는 풀무불에 던져 넣으리라 하였더라. 단 3:5-6

그러자 두라 평지에 운집한 온 백성의 반응은 어떠했습니까?

모든 백성과 나라들과 각 언어를 말하는 자들이 나팔과 피리와 수금과 삼현금과 양금과 및 모든 악기 소리를 듣자 곧 느부갓네살 왕이 세운 금 신상에게 엎드려 절하니라. 단 3:7

지금 풀무불이 이글거립니다. 금 신상에 절하라는 추상같은 법이 떨어졌습니다. 모두 예외 없이 그 앞에 엎드립니다. 이런 상황과 법, 여론 앞에서 어떤 행동을 취하는 것이 지혜롭다고 생각합니까? 그런데 그 상황에서 꼿꼿이 서 있는 세 사람이 있었습니다. 다니엘의 친구, 사드락과 메삭과 아벳느고입니다. 느부갓네살은 그들에게 분을 삭이지 못하고 노발합니다(단 3:13). 자신의 권위에 도전하는 태도를 용서할 수 없었기 때문입니다. 하지만 짐짓 권위를 갖추고 회유를 하기 시작했습니다. 그러나 세 사람은 불 앞에서 요지부동이었습니다. 그들은 일언지하에 거절합니다. 한 걸음 더 나아가 이렇게 말합니다.

왕이여 우리가 섬기는 하나님이 계시다면 우리를 맹렬히 타는 풀무불 가운데에서 능히 건져내시겠고 왕의 손에서도 건져내시리이다 그렇게 하지 아니하실지라도 왕이여 우리가 왕의 신들을 섬기지도 아니하고 왕이 세우신 금 신상에게 절하지도 아니할 줄을 아옵소서. 단 3:17-18

그들은 "만일 그럴 것이면"(개역한글, if, 헨)(17절), "그렇게 하지 아니하실지라도"(개역한글, if not, 헨라)라는 단어로 타협의 여지가 없음을 보여 줍니다. 실패학 교수가 말한 성공확률 0.3퍼센트도 여기에는 해당하지 않습니다. 풀무불에 천 여 명이 던져졌는데, 그 중에서 그래도 한 세 명 정도는 살아날 확률이 있는 그런 일이 전혀 아닙니다.

지혜의 사람, 다니엘

앞서 이야기했듯이 다니엘서는 예언서나 묵시서라고 불리지만 예언과 묵시적인 요소보다 지혜가 더 부각됩니다. 다니엘은 하나님이 공급해 주시는 지혜로 꿈을 해석하고, 장차 일어날 일들을 거침없이 말합니다. 때문에 전통적인 히브리 성경에서는 율법서와 예언서 다음 성(聖) 문서, 즉 지혜서 부분에 다니엘서를 배치해 놓고 있습니다. 다니엘서가 지혜서임을 강조하고 있는 것입니다. 저는 다니엘서에 지혜의 요소가 더 강하다는 주장에 동의합니다.

그러므로 다니엘서가 지혜서임을 염두에 두고 접근한다면 놀라운 보화들을 캐낼 수 있습니다. 한 걸음 더 나아가 '지혜'에 초점을 맞추어 나가다 보면, 부차적으로 예언과 묵시까지 깨닫는 은혜를 맛볼 수 있습니다. 지혜를 열망하는 자들을 하나님은 기뻐하십니다. 솔로몬을 보십시오. 솔로몬은 지혜를 원했습니다. 지혜를 얻기 위해 시간을 내고 장소를 정해서 일천번제를 드렸습니다. 그 결과 그는 어떤 선물까지 받았을까요?

> 내가 또 네가 구하지 아니한 부귀와 영광도 네게 주노니 네 평생에 왕들 중에 너와 같은 자가 없을 것이라. 왕상 3:13

지혜를 열망하십시오. 지혜를 열망하는 마음으로 다니엘서를 펴십시오. 하나님의 지혜를 우리 모두 받아 누리는 기쁨이 있게 될 것입니다(단 2:30).

먼저, 우리의 관심은 이것입니다. 도대체 이 지혜가 어떻게 다니엘에게 임했는가 하는 것입니다. 그가 태어날 때부터 이 지혜를 가지고 있었을까요? 아니면, 어느 날 그냥 머릿속에 들어왔을까요? 도대체 다니엘이 어떻게 하여 왕이 은밀하게 꾼 꿈과 그 꿈의 내용을 알게 되었을까요? 어떻게 다니엘이 나라의 흥망성쇠, 더 나아가 이 세상 종말과 저 세상에 대해서도 환히 알 수 있게 되었을까요? 이 의문을 가지고 다니엘서를 들여다봅시다.

다니엘 2장 18-23절을 보십시오.

하늘에 계신 하나님이 이 은밀한 일에 대하여 불쌍히 여기사 다니엘과 친구들이 바벨론의 다른 지혜자들과 함께 죽임을 당하지 않게 하시기를 그들로 하여금 구하게 하니라 이에 이 은밀한 것이 밤에 환상으로 다니엘에게 나타나 보이매 다니엘이 하늘에 계신 하나님을 찬송하니라 다니엘이 말하여 이르되 영원부터 영원까지 하나님의 이름을 찬송할 것은 지혜와 능력이 그에게 있음이로다 그는 때와 계절을 바꾸시며 왕들을 폐하시고 왕들을 세우시며 지혜자에게 지혜를 주시고 총명한 자에게 지식을 주시는도다 그는 깊고 은밀한 일을 나타내시고 어두운 데에 있는 것을 아시며 또 빛이 그와 함께 있도다 나의 조상들의 하나님이여 주께서 이제 내게 지혜와 능력을 주시고 우리가 주께 구한 것을 내게 알게 하셨사오니 내가 주께 감사하고 주를 찬양하나이다 곧 주께서 왕의 그 일을 내게 보이셨나이다 하니라. 단 2:18-23

다니엘은 느부갓네살 왕이 침상에서 꾼 꿈과 그 꿈의 뜻을 알게 해 달라고 하나님께 매달리고 있습니다.
다니엘 6장 10절을 보십시오.

다니엘이 이 조서에 왕의 도장이 찍힌 것을 알고도 자기 집에 돌아가서는 윗방에 올라가 예루살렘으로 향한 창문을 열고 전에 하던 대로 하루 세 번씩 무릎을 꿇고 기도하며 그의 하나님께 감사하였더라. 단 6:10

12 세 겹 줄, 그 현장의 또 한 사람

이방 왕 외에 다른 신에게 기도하면 그 결과가 어떻게 되는지 뻔히 알면서도 다니엘은 전에 늘 하던 대로 예루살렘을 향한 창문을 열어 놓고 기도를 하고 있습니다.

다니엘 9장 3-4절을 보십시오.

내가 금식하며 베옷을 입고 재를 덮어쓰고 주 하나님께 기도하며 간구하기를 결심하고 내 하나님 여호와께 기도하며 자복하여 이르기를 크시고 두려워할 주 하나님, 주를 사랑하고 주의 계명을 지키는 자를 위하여 언약을 지키시고 그에게 인자를 베푸시는 이시여. 단 9:3-4

예루살렘이 황폐한 상태로 있는 기간이 70년이라는 예언의 뜻을 깨닫기 위해 다니엘은 기도를 하고 있습니다. 기도를 하면서 금식하고, 베옷을 입고 재를 덮어쓰고 있습니다.

다니엘 10장 1-3절, 12절을 보십시오.

바사 왕 고레스 제삼년에 한 일이 벨드사살이라 이름한 다니엘에게 나타났는데 그 일이 참되니 곧 큰 전쟁에 관한 것이라 다니엘이 그 일을 분명히 알았고 그 환상을 깨달으니라 그 때에 나 다니엘이 세 이레 동안을 슬퍼하며 세 이레가 차기까지 좋은 떡을 먹지 아니하며 고기와 포도주를 입에 대지 아니하며 또 기름을 바르지 아니하니라 그가 내게 이르되 다니엘아 두려워하지 말라 네가 깨달으려 하여 네 하나님 앞에 스스로 겸비하게 하기로 결심하던 첫날부터 네 말이 응답 받았으므로 내가 네 말로 말미암아 왔느니라. 단 10:1-3, 12

다니엘이 자기에게 나타난 이상과 그 이상의 뜻을 올바르게 깨달아 알려고 세 이레 동안 금식하며 무엇을 하고 있습니까? 다니엘이 태어날 때부터 지혜로웠을까요? 아닙니다. 다니엘의 지혜는 기도에서 나왔습니다. 다니엘의 담대함과 침착함, 흔들림 없는 발자취, 신앙의 절개 또한 기도에서 나왔습니다. 내일 일어날 일을 정확히 말할 수 있는 지혜 역시 기도에서 나왔습니다. 금식하며 엎드려 기도하는 중에 하나님께서 그에게 지혜를 주셨습니다.

다니엘이 가진 지혜는 세상 지혜가 아니었습니다. 천지 만물을 홀로 주관하고 간섭하시는 하나님, 그 하나님이 부어 주시는 지혜였습니다. 틀리거나 변개되지도 않습니다. 다니엘이 기도하자 그는 세상 그 누구도 흉내 낼 수 없는 지혜로운 사람이 되었습니다.

기도하는 자에게 하나님이 그분의 지혜를 공급해 주십니다. 무엇을 해야 할지, 어떻게 걸어가야 할지, 눈앞의 문제를 어떻게 풀어야 할지, 지혜를 주십니다. 이 지혜는 세상의 지혜와는 근본적으로 다릅니다.

내가 너희에게 주는 것은 세상이 주는 것과 같지 아니하니라. 요 14:27

지금 어떤 문제 때문에 힘들어하거나 괴로워하고 있습니까? 하나님 앞에 나아와 엎드리십시오. 하나님이 지혜를 공급해 주실 것입니다. 문제를 해결할 수 있는 능력자가 되게 하실 것입니다. 다니엘에게 주셨던 바로 그 지혜를 허락해 주실 것입니다.

벼랑 끝에서 날게 하는 기도

그런데 다니엘의 지혜와 기도에 관련하여 놓칠 수 없는 것이 하나 있습니다. 다니엘이 혼자가 아니었다는 사실입니다. 다니엘에게는 늘 기도의 동역자들이 있었습니다. 바로 본문에 등장하는 세 친구들입니다. 이들과 다니엘은 친구였습니다.

> 이에 다니엘이 자기 집으로 돌아가서 그 친구 하나냐와 미사엘과 아사랴에게 그 일을 알리고. 단 2:17

이 친구들은 어려운 일이 생겼을 때 지체 없이 달려가 기도를 부탁하는 기도의 동역자들이었습니다. 이들은 기도로 세 겹 줄을 이루고 있습니다. 이들은 서로 기도를 부탁하고, 기도의 끈으로 서로를 꽁꽁 묶어 세 사람이 마치 한 사람처럼 행동하고 있습니다. 다니엘이 다니엘 된 것은 사실 이 친구들의 기도 때문이었습니다. 진정 그들은 기도의 사람들이었습니다. 어디에서 그것을 발견할 수 있을까요?

그들이 지금 풀무불에 던져졌습니다. 그들은 풀무불 속에서 도대체 무엇을 했을까요? 우리가 가진 구약 성경의 원본인 70인경에 보면 아벳느고를 위시하여 이 세 사람이 불꽃 속에서 무엇을 하였는지 길게 언급되고 있습니다. 다니엘 3장 23절과 24절 사이에 무려 68개 구절이 소개되고 있습니다.

이런 내용입니다. "우리 조상의 하나님이시여 공경하올 주님, 찬미를 받으시옵소서. 당신께서 우리에게 하신 모든 일이 옳았으며, 당신의 모든 약속들은 어김없이 이루어졌사오며, 당신의 길은 곧바르며 당신의 심판은 언제나 올바르옵니다. 당신께서 우리에게 내리신, 그리고 우리 조상들의 거룩한 도시 예루살렘에 내리신 모든 징벌에 있어서 당신의 판결은 옳았습니다. 당신께서 우리에게 이런 징벌을 내리신 것은 우리의 죄 때문이고, 우리는 당신의 징벌을 받아 마땅하옵니다." 이런 내용이 무려 68절 분량으로 이어지고 있습니다. 그들은 불꽃 속에서 물고기 뱃속의 요나처럼 기도했습니다.

그런데 종교개혁 이후, 성경에서 이 부분을 삭제해 버렸습니다. 많이 아쉽습니다. 불 속에서 기도하는 그들을 불꽃이 사르지 못했다는 것과 그때 '신들의 아들'과 같은 한 분이 나타나셨다는 것에 대한 강조점이 생략되는 듯해서 말입니다.

그들은 풀무불 앞에서 자신들의 신앙을 고백했습니다. 여기서 그치지 않고 그 불꽃 속에서도 기도했습니다. 이런 그들에게 어떤 일이 일어났을까요?

> 왕이 또 말하여 이르되 내가 보니 결박되지 아니한 네 사람이 불 가운데로 다니는데 상하지도 아니하였고 그 넷째의 모양은 신들의 아들과 같도다 하고. 단 3:25

불 속에 또 한 사람이 나타났습니다. '신들의 아들'과 같은 분입니다. 느부갓네살은 사지를 벌벌 떨며 그들을 급히 불러냈습니다. 그러나 불속에서 나오는 사람은 세 사람뿐이었습니다. '신들의 아들과 같은 분'이 도대체 누구였을까요?

기도의 세 겹 줄

다니엘이 사자굴 속에 들어갔습니다. 그 힘과 용기는 어디에 있었을까요? 먼저 풀무불 속에 들어간 친구들을 하나님께서 건져 주신 것을 본 다니엘이기에 담대하게 사자굴 속에 들어 갔을 것입니다. 다니엘이 다니엘 되었다는 것입니다.

하나님이 일하시는 장소는 벼랑 끝입니다. 풀무불입니다. 사자굴 속입니다. 홍해 앞입니다. 여리고성을 직면했을 때입니다. 골리앗과 맞서야 할 때입니다. 그때 하나님은 하나님 됨을 보이십니다. 기도의 사람은 벼랑 끝에서 비상합니다. 그러므로 믿음은 벼랑 끝에 서는 것입니다. 풀무불에 들어가는 것입니다. 홍해를 향하여 발을 내딛는 것입니다. 자기를 던져야 비로소 하나님의 역사를 경험할 수 있습니다.

기도 응답은 '사자굴에 들어가기 전'이 아니라 '사자굴 안에서' 이뤄집니다. 풀무불에 들어가기 전이 아니라 풀무불 안에서 이뤄집니다.

벼랑 끝에 서는 것, 풀무불에 들어가는 것, 홍해에 발을 내딛는 것은 결코 만만한 일이 아닙니다. 그러므로 기도의 동역자가 필요합니다. 믿음의 동역자들이 있을 때 서로를 의지하고 격려합니다. 그러면 든든합니다. 무엇보다 함께 드리는 기도를 하나님이 기뻐하십니다.

때문에 다니엘은 신앙의 좋은 동지를 셋이나 두고 있었습니다. 욥에게도 든든한 세 친구가 있었습니다. 모세에게도 아론과 훌과 같은 좋은 기도의 동역자들이 있었습니다(출 17:12). 바울에게도 세 친구, 실루아노와 디모데, 누가가 있었습니다(살전 1:1; 딤후 4:11). 우리 주님도 베드로와 야고보, 요한을 세 겹 줄로 생각하며 함께하셨습니다. 심지어 하나님도 삼위(三位)로 계십니다. 성부 성자 성령, '우리'라는 표현이 자주 성경에 등장합니다(창 1:26, 11:7). 함께하는 것을 기뻐하신다는 뜻입니다.

그러므로 하나님이 엮어 주신 나의 세 겹 줄, 부부, 가족, 이웃, 다락방, 전도회, 제자반을 소중히 여기십시오. 내 곁의 사람들을 정말 소중히 여기며 하나 되기를 힘쓰십시오. 그 현장에 주님이 함께하십니다. 기적이 나타납니다.

두 사람이 한 사람보다 나음은 그들이 수고함으로 좋은 상을 얻을 것임이라 혹시 그들이 넘어지면 하나가 그 동무를 붙들어 일으키려니와

> 홀로 있어 넘어지고 붙들어 일으킬 자가 없는 자에게는 화가 있으리라 한 사람이면 패하겠거니와 두 사람이면 맞설 수 있나니 세 겹 줄은 쉽게 끊어지지 아니하느니라. 전 4:9-10, 12

지금 내 지혜와 능력으로 어떻게 할 수 없는 문제 앞에 서있습니까? 하나님의 지혜가 필요합니다. 하나님의 지혜는 기도하는 자에게 임합니다. 어떻게 기도해야 할까요? 혼자가 아니라 함께 하나님 앞에 기도해야 합니다. 세 겹 줄로 기도하는 자에게 하나님이 나타나셔서 그분의 뜻을 이루어 주시고, 우리 앞의 풀무불을 직접 꺼주십니다.

인생을 살면서 사건보다 더 중요한 것은 그 사건에 대한 반응입니다. 대부분의 사람은 어려움을 겪을 때 부정적으로 반응하고 절망합니다. 이런 자에게는 역사가 일어나지 않습니다. 다니엘과 그의 친구들은 사건에 대해 항상 믿음과 기도와 감사로 반응했습니다. 믿음과 기도와 감사가 저들을 회복시켰습니다. 기적을 창출했습니다. 위기를 기회로 바꾸는 유일한 길이 기도에 있습니다. 이 기도는 일상을 통해 드려져야 합니다. 항상심(恒常心)이 중요합니다. 이 항상심에서 향상심(向上心)이 나옵니다.

기도하시 않으면 내가 바빠지지만, 기도하면 하나님이 바빠지십니다. 어린 자녀들이 부모에게 뭔가를 부탁하면 그때부터 부모가 바빠집니다. 자녀의 부탁을 들어주기 위해서 분주해집니다. 우리가 자녀로서 하나님께 나아가 기도하면 '아빠 하나님'께서 우리 부탁을 들어주시기 위해 바쁘게 일하십니다. 기도하면 하나님께서 역사하십니다. 기도하면, 주님께서 제일 먼저 지혜를 주실 것입니다. 그 지혜로 오늘의 문제를 해결하는 큰 기쁨을 맛보십시오.

기억해야 할 한 문장

9. 그렇게 높아지고 싶더냐?

이처럼 하나님만 높이면 하나님이 그를 높여 주십니다. 하나님은 이런 자들을 계속 붙드시고 축복해 주셨습니다.

하나님만이 모든 것을 다스리십니다. 우리는 혹시 자신이 대단한 사람인양 자신을 사람들 앞에 드러내려고 하지는 않습니까?

10. "일 없습니다"

하나님을 향하여 "일 없습니다" 하십시오. 그러면 주께서 기적을 베푸시고, 놀라운 일을 경험하게 하실 것입니다.

하나님을 향하여 자신의 욕심을 채우는 그 어떤 기대도 하지 마십시오. 단지 내 찬양과 경배를 받으시기에 합당하신 분이시기에 경배하는 것입니다. 그러면 하나님이 역사하십니다.

11. 그런 친구들이 있는가?

내 곁에 있는 사람들과 좋은 관계를 회복하십시오. 그러면 그 현장에 능력의 주님이 친히 찾아오십니다. 그분이 함께하십니다. 불 속에서 끄집어내 주십니다.

지금 대단히 힘들고 어려운 상황에 처해 있습니까? 그래서 마치 풀무불에 던져진 것 같습니까? 어떻게 이 위기를 극복할 수 있을까요? 간단합니다. 하나님께서 여러분 곁에 두신 사람들과 손을 잡으십시오.

12. 세 겹 줄, 그 현장의 또 한 사람

다니엘의 담대함과 침착함, 흔들림 없는 발자취, 신앙의 절개 또한 기도에서 나왔습니다. 무엇을 해야 할지, 어떻게 걸어가야 할지, 눈앞의 문제를 어떻게 풀어야 할지, 주께서 지혜를 주십니다.

세 겹 줄로 기도하는 자에게 하나님이 나타나셔서 그분의 뜻을 이루어 주시고, 우리 앞의 풀무불을 직접 꺼주십니다.

만일 우리가 꿈을 회복하기만 하면 하나님은 지금 우리가 처한 삶의 현장을 극복할 수 있는, 그리고 오히려 반전시킬 수 있는 길을 열어 주십니다. 우리가 꿈을 회복하여 영적으로 민감해지면 지금 바로 그 자리에서 하나님의 뜻, 긍휼, 자비, 인도하심을 발견할 수 있습니다.

4
chapter

하나님을 거역한 자들의 최후

하나님의 원대한 계획하심을 알게 됩니다. 그래서 오히려 지금 처한 힘들고 어려운 현장에서 시온의 대로를 볼 것입니다. 다시 영적 눈과 귀를 열어 하나님이 예비해 놓으신 은혜와 축복을 발견하십시오. 그래서 그 속에서 오히려 하나님께서 주시는 축복을 받는 큰 기쁨을 누리십시오.

다니엘 4:27-33

13
기회, 언제나 그곳에 있다

하나님은 지금 우리가 처한 삶의 현장을 극복할 수 있는,
아니 오히려 반전시킬 수 있는 길을 항상 예비해 놓고 계십니다.

　2012년 1월11일 깊은 밤, 가쁜 숨을 몰아쉬었습니다. 너무나 생생한 광경이 눈앞에 펼쳐지고 있었기 때문입니다. 한참이나 식은땀을 흘리며 힘들어하다가 깨어 보니 다행히도 꿈이었습니다. 머리맡의 시계를 보니 새벽 2시, 주섬주섬 옷을 주워 입고 교회로 나와 본당에 엎드렸습니다. 도대체 그 꿈이 의미하는 바가 무엇인지 알고 싶었습니다. 날이 밝아올 때까지 엎드려 있다가 목양실로 올라와 메모지에 이렇게 써서 가장 잘 보이는 곳에 붙였습니다.

　　내 마음이 확정되고 확정되었사오니. 시 57:7 2012.1.11 새벽 2시.

지금도 메모지는 그 자리에 붙어 있습니다. 그래서 책상에 앉을 때마다 메모지를 쳐다봅니다. 그리고 시편 57편의 말씀을 떠올립니다. 한갓 꿈에 이런 식으로 반응하는 제가 예민한 것일까요?

꿈으로 말씀하시는 하나님

사람은 하룻밤에도 수십 개의 꿈을 꾼다고 합니다. 그런데 대부분 자고 일어나면 잊어버립니다. 하지만 어떤 꿈은 예사롭지 않습니다. 예를 들어 돼지나 똥, 죽은 조상이 나타나는 경우입니다. 그럴 때는 그냥 넘어가지 않습니다. 왜냐하면 이런 꿈들은 길몽이라고 이야기들 하기 때문입니다.

하지만 정말 그럴까요? 근거가 있는 해몽일까요? 예수님을 믿는 우리는 꿈에 어떤 입장을 가져야 할까요? 우선 꿈에 대해 성경은 무엇이라고 말하고 있는지 살펴보겠습니다.

> 옛적에 선지자들을 통하여 여러 부분과 여러 모양으로 우리 조상들에게 말씀하신 하나님이 이 모든 날 마지막에는 아들을 통하여 우리에게 말씀하셨으니 이 아들을 만유의 상속자로 세우시고 또 그로 말미암아 모든 세계를 지으셨느니라. 히 1:1-2

여기에서 "여러 부분과 여러 모양"은 구약시대에 하나님께서 여러

가지 방법으로 말씀하셨다는 뜻입니다. 예를 들면 환상과 꿈, 천사, 사자, 우림, 둠밈 등 다양한 방법으로 그분의 뜻을 인간에게 알리셨습니다. 그런데 "이 모든 날 마지막에는"은 신약시대 그 이후를 가리킵니다.

이때부터는 하나님께서 '아들을 통하여' 우리에게 말씀하십니다. 아들이신 예수 그리스도는 곧 말씀이십니다. 그러므로 성경말씀을 통해서 우리에게 말씀하신다는 뜻입니다. 구약시대와는 전혀 다른 방법입니다. 그러므로 우리는 그 어떤 경우에도 현혹되지 말고 오직 말씀을 붙잡고, 말씀이 말씀하시고, 말씀이 인도하시는 대로 따라야 합니다.

그렇다면, 이제 하나님께서는 구약시대에 사용하셨던 그 방법들을 완전히 폐기하셨단 말일까요? 예수님이 탄생하셨던 당시 요셉과 마리아는 꿈을 통해 하나님의 뜻을 듣습니다. 꿈에 "애굽으로 피난 가라"는 말을 듣고 피신했다가, 다시 애굽에서 꿈에 주의 사자가 현몽하여 이스라엘 땅으로 가라는 말을 받고 돌아옵니다(마 1:24, 2:13, 19).

그때는 아직 구약시대이며 성령께서 임하신 후에는 꿈으로 역사하시지 않는다고 말하는 사람도 있습니다. 하지만 천만의 말씀입니다. 빌립 집사와 고넬료, 심지어 로마로 압송되어 가던 바울이 큰 광풍을 만났을 때 무엇이라고 말했습니까?

내가 속한 바 곧 내가 섬기는 하나님의 사자가 어제 밤에 내 곁에 서서 말하되 바울아 두려워하지 말라 네가 가이사 앞에 서야 하겠고 또 하

나님께서 너와 함께 항해하는 자를 다 네게 주셨다 하였으니. 행 27:23-24

이때는 오순절 성령 이후입니다. 그런데 분명히 꿈으로 역사하셨습니다. 때문에 성령시대에는 하나님께서 꿈으로는 절대 역사하지 않으신다고 단정할 수 없습니다. 분명히 하나님은 말씀으로 역사하십니다. 하지만 구약시대에 사용하셨던 방법들을 완전히 폐기하지는 않으셨습니다. 필요한 경우에는 환상과 꿈, 천사 등으로 말씀하신다고 봐야 합니다. 그러므로 우리는 영적으로 민감해야 합니다. 주변에서 일어나는 일에 둔감해서는 안 됩니다. 지금 이 시대도 그러할진대 하물며 꿈으로 역사하셨던 구약 시대는 어떠했겠습니까?

다니엘서는 꿈 이야기가 전체를 차지하고 있습니다. 앞부분은 느부갓네살이 꿈에서 본 환상입니다. 뒷부분은 다니엘이 본 환상입니다. 느부갓네살이 꿈을 꾸었습니다. 범상치 않은 꿈이었습니다. 그런데 도무지 알 길이 없었습니다. 결국은 다니엘을 통해 그가 꾼 꿈은 바벨론 제국이 점점 쇠하다가 나중에는 돌 한방에 먼지처럼 부서져 사라진다는 뜻임을 알았습니다. 그러자 느부갓네살은 금 신상을 세웁니다. 이 금 신상 프로젝트는 꿈에 대한 도전, 아니 하나님에 대한 도전이었습니다.

느부갓네살의 두 번째 꿈

그러자 또 두 번째 꿈을 꿉니다. 어떤 내용일까요?

> 나 느부갓네살이 내 집에 편히 있으며 내 궁에서 평강할 때에. 단 4:4

> 한 나무가 나타났습니다. 하늘을 찌를 듯이 높고 견고한 나무였습니다.

> 그 잎사귀는 아름답고 그 열매는 많아서 만민의 먹을 것이 될 만하고 들짐승이 그 그늘에 있으며 공중에 나는 새는 그 가지에 깃들이고 육체를 가진 모든 것이 거기에서 먹을 것을 얻더라. 단 4:12

그런데 바로 그곳에 한 순찰자, 거룩한 자가 나타나서는 나무를 베고, 잎사귀를 자르고, 열매를 떨어 버리며, 짐승과 새들을 다 쫓아내라고 명했습니다. 그러자 즉시 그렇게 되었습니다. 꿈에서 깨어난 느부갓네살은 다시 다니엘을 부릅니다. 꿈 이야기를 들은 다니엘은 무척이나 놀라고 번민하며 입을 열려고 하지 않습니다. 그러자 더욱 궁금해진 왕이 채근합니다.

> 벨드사살이라 이름한 다니엘이 한동안 놀라며 마음으로 번민하는지라 왕이 그에게 말하여 이르기를 벨드사살아 너는 이 꿈과 그 해석으

로 말미암아 번민할 것이 아니니라 벨드사살이 대답하여 이르되 내 주여 그 꿈은 왕을 미워하는 자에게 응하며 그 해석은 왕의 대적에게 응하기를 원하나이다. 단 4:19

다니엘이 드디어 꿈을 해석합니다. 꿈에 나타난 하늘까지 닿은 이 거대한 나무는 왕 자신이랍니다(단 4:22). 그런데 그 나무가 꺾입니다. 그러니까 첫 번째 꿈이 바벨론 제국의 종말에 대한 꿈이라면, 두 번째 꿈은 느부갓네살 개인의 종말을 예언하는 꿈입니다. 다니엘은 또 구체적으로 왕의 장래를 이렇게 예언합니다.

왕이 사람에게서 쫓겨나서 들짐승과 함께 살며 소처럼 풀을 먹으며 하늘 이슬에 젖을 것이요 이와 같이 일곱 때를 지낼 것이라 그 때에 지극히 높으신 이가 사람의 나라를 다스리시며 자기의 뜻대로 그것을 누구에게든지 주시는 줄을 아시리이다. 단 4:25

당사자 앞에서 그것도 왕의 면전에서 이런 말을 하는 것은 쉬운 일이 아닙니다. 2,500년 전, 살아있는 권력이요 신인 바벨론 느부갓네살 왕에게 이런 저주에 가까운 말을 하는 것은 절대로 쉬운 일이 아니었습니다. 그래서 그 결과가 어떻게 되었을까요?

이 말이 아직도 나 왕의 입에 있을 때에 하늘에서 소리가 내려 이르되

> 느부갓네살 왕아 네게 말하노니 나라의 왕위가 네게서 떠났느니라 바로 그 때에 이 일이 나 느부갓네살에게 응하므로 내가 사람에게 쫓겨나서 소처럼 풀을 먹으며 몸이 하늘 이슬에 젖고 머리털이 독수리 털과 같이 자랐고 손톱은 새 발톱과 같이 되었더라. 단 4:31, 33

길을 알려 주시는 하나님

결국 느부갓네살이 꿈에 본 그대로 되었습니다. 다니엘이 꿈을 해석한 그대로 다 이루어졌습니다. 우리가 이 사건을 놓고 풀어야 할 숙제가 있습니다. 도대체 이 사건이 의미하는 바가 무엇일까요? 오늘을 살아가는 우리에게 이 사건이 주는 영적 교훈이 도대체 무엇일까요? 바벨론은 어떤 나라이며, 느부갓네살이라는 왕은 도대체 우리와 무슨 상관이 있을까요?

현재 지구촌에는 237개국이 존재합니다. 그러니 대통령이나 왕의 숫자도 그만큼 될 것입니다. 그렇다면 역사가 시작된 이래로 존재했던 나라는 그 숫자가 얼마나 될까요? 한반도만 해도 고조선, 고구려, 신라, 백제, 발해, 고려, 조선, 대한제국에 이르러 대한민국까지 왔습니다. 그때그때 통치한 집권자들은 헤아릴 수 없이 많습니다.

2,500년 전 바벨론이라는 나라는 지상에 존재했던 수많은 나라들 중 하나에 불과합니다. 느부갓네살 역시 마찬가지입니다. 더군다나 이방 나라의 왕에 불과한 존재입니다. 그런 나라가 망하고 왕이 쫓겨

나는 것이 오늘 우리와 과연 무슨 상관이 있을까요? 도대체 무슨 상관이 있기에 이방 나라 왕이 꾼 꿈을 다니엘 2, 4장 전체에 걸쳐서 장황하게 소개하고 있는 것일까요? 이 모든 의문을 푸는 열쇠가 27절에 있습니다.

> 그런즉 왕이여 내가 아뢰는 것을 받으시고 공의를 행함으로 죄를 사하고 가난한 자를 긍휼히 여김으로 죄악을 사하소서 그리하시면 왕의 평안함이 혹시 장구하리이다 하니라. 단 4:27

이 말씀을 하시기 위해서 그렇게 길고 자세하게 꿈 이야기를 이어가고 있습니다. 우선 27절의 위치를 주목하십시오. 27절의 앞부분은 꿈과 꿈에 대한 해석이고 뒷부분은 그 꿈이 실현되는 현장입니다.

바벨론의 미래, 그리고 느부갓네살의 미래는 이미 꿈을 통해 다 계시되었습니다. 바벨론이 돌 하나에 부서져 먼지처럼 흩어질 것입니다(단 2:35). 그리고 느부갓네살은 왕위에서 쫓겨나 들짐승처럼 풀을 먹으며, 하늘 이슬에 젖을 것입니다(단 4:25). 이게 하나님의 뜻이요, 계획입니다. 누가 과연 하나님의 뜻을 거스를 수 있단 말입니까?

> 하나님께서 행하시는 일을 보라 하나님께서 굽게 하신 것을 누가 능히 곧게 하겠느냐. 전 7:13

> 하나님은 사람이 아니시니 거짓말을 하지 않으시고 인생이 아니시니 후회가 없으시도다 어찌 그 말씀하신 바를 행하지 않으시며 하신 말씀을 실행하지 않으시랴 **민 23:19**

> 이방이 떠들고 나라들 모여서 진동하나 우리 주 목소리 한 번만 발하면 천하에 모든 것 망하겠네 **찬송가 70장**

하나님의 말씀이 완벽하게 이루어졌습니다. 그런데 하나님이 27절에서 아직 그 일이 이루어지기 전에 하나님의 영으로 충만한 주의 종, 다니엘을 통해 느부갓네살에게 말씀하십니다. 바로 코앞에 닥친 이 처절한 상황을 피할 길을 가르쳐 주시는 내용입니다.

그 말씀대로만 살면 하나님께서 은혜를 베풀어 주시고, 그 길을 피하게 해주시고, 오히려 장구(長久)할 수 있도록 해주시겠다고 합니다. 다른 사람도 아닌, 느부갓네살에게 말입니다. 하나님은 두 번이나 꿈을 통해서, 그리고 다니엘을 통해서 그에게 길을 제시해 주십니다. 사실, 이 27절 한 구절을 위해서 4장 전체를 할애하고 있다고 해도 과언이 아닙니다.

미리 기회를 만들어 놓으신 하나님

하나님은 이 꿈 사건을 통해서 모든 세대에 큰 울림의 메시지를 발하십니다. 우리가 어떤 상황에 놓여있다 할지라도, 하나님이 길을 제시해 주고 계신다는 것입니다. 그 길은 피할 수 있는 길입니다. 반전시킬 수 있는 길입니다. 회복의 기회가 현장에 묻혀 있습니다. 느부갓네살에게 피할 길을 알려 주시던 하나님께서 하물며 당신의 자녀들을 그냥 버려 두시겠습니까? 하나님이 사용하시는 방법이 말씀이든, 꿈이든, 주의 종이든, 그 어떤 모양이든 하나님은 지금 내가 처한 그 현장에 길을 만들어 놓고 계십니다.

> 사람이 감당할 시험 밖에는 너희가 당한 것이 없나니 오직 하나님은 미쁘사 너희가 감당하지 못할 시험 당함을 허락하지 아니하시고 시험 당할 즈음에 또한 피할 길을 내사 너희로 능히 감당하게 하시느니라.
> 고전 10:13

이 사실을 깨달았던 예레미야는 이렇게 기도하고 있습니다.

> 내 고초와 재난 곧 쑥과 담즙을 기억하소서 내 마음이 그것을 기억하고 내가 낙심이 되오나 이것을 내가 내 마음에 담아 두었더니 그것이 오히려 나의 소망이 되었사옴은 여호와의 인자와 긍휼이 무궁하시므로 우리가 진멸되지 아니함이니이다…이 율법책을 네 입에서 떠나지 말게 하며 주야로 그것을 묵상하여 그 안에 기록된 대로 다 지켜 행하라 그리하면 네 길이 평탄하게 될 것이며 네가 형통하리라. 애 3:19-22; 수 1:8

13 기회, 언제나 그곳에 있다

하나님께서는 두 번이나 느부갓네살에게 꿈을 통해 뜻을 보여 주셨습니다. 다니엘을 통해 분명하고 확실한 그 뜻을 알려 주셨습니다. 그럼에도 느부갓네살은 그 뜻과 음성을 농담처럼 가볍게 받아 넘겼습니다. 오히려 거역했습니다. 느부갓네살은 그에게 주어진 열두 달 동안 왕궁 지붕이나 거닐며 세월을 허송(虛送)했습니다. 기회를 놓쳤습니다. 그러다 한 순간에 들짐승 신세가 되고 말았습니다.

하지만 큰 성 니느웨의 왕은 그렇지 않았습니다. 망할 것이라는 말씀을 들었을 때, 어떻게 해야 한다는 말을 듣지 않았는데도 굵은 베옷을 입고 엎드렸습니다. 백성과 함께 엎드렸습니다. 그러자 하나님께서 뜻을 돌이키셨고, 그들은 긍휼을 입었습니다.

지금 어떤 상황에 놓여 있습니까? 하나님께서 길을 예비해 놓으셨습니다. 하나님은 이삭을 위해서 숫양을 바로 곁에 예비해 놓으시고(창 22:13), 광야로 쫓겨나 방성대곡하던 아브라함의 몸종 하갈을 위해서 샘물을 예비해 놓으셨으며, 홍해 앞의 모세를 위해 지팡이를 예비해 놓으시고, 골리앗 앞의 다윗을 위해 물맷돌을 예비해 놓으셨습니다.

그 하나님께서 지금 내가 머물고 있는 현장에 기회를 숨겨 놓고 계십니다(창 21:19). 그곳이 설령 길가나 돌밭, 가시떨기 밭일지라도 그 안에 보화를 숨겨 놓고 길을 예비해 놓으셨습니다(마 13:44).

만일 우리가 그 꿈을 회복하기만 하면 하나님은 지금 우리가 처한 삶의 현장을 극복할 수 있는, 아니 오히려 반전시킬 수 있는 길을 열어 주십니다. 우리가 꿈을 회복하고 영적으로 민감해지면 지금 바로 그 자리에서 하나님의 뜻, 긍휼, 자비, 인도하심을 발견할 수 있습니다. 하나님의 원대한 계획하심을 알게 됩니다. 그래서 오히려 지금 처한 힘들고 어려운 현장에서 시온의 대로를 볼 것입니다. 다시 영적 눈과 귀를 열어 하나님이 예비해 놓으신 은혜와 축복을 발견하십시오. 그래서 그 속에서 오히려 하나님께서 주시는 축복을 저 니느웨 성의 왕과 백성들처럼 받아 큰 기쁨을 누리십시오.

다니엘 5:1-6, 30-31

14
'그 날' 그리고 '그 날 밤'

'그 날 밤'을 대비하여 오늘 나에게 주어진
'그 날'을 지혜롭게 열어 가십시오.

천천히 다가오는 고난

현재 문단에서 이승신 작가가 거의 유일하게 한국에서는 이미 사라져 버린 단가(短歌)의 명맥을 이어가고 있습니다. 단가라고 하면 흔히들 3연으로 구성된 시조를 떠올립니다. 하지만 이승신 작가의 단가는 시조보다 더 짧습니다. 최근에 발간한 그의 시집 《삶에 어찌 꽃피는 봄날만 있으랴》(서촌, 2011)에 실린 첫 번째 글의 전문은 이러합니다. "이게 대체 무슨 일인가 / 세기의 종말이 왔단 말인가 / 할 말을 잃다." 이런 식입니다.

이 책은 얼마 전 일본 동북지방을 덮친 재앙으로 완전히 폐허가 된 후쿠시마를 품에 안고 안타까워하며, 그 폐허 속에서 건진 깨달음을 애절한 단가로 그린 것입니다. 그 중 두 편을 소개합니다.

얼마나

얼마나 인간이 나약한가
인간이 얼마나 작은가를
다시 깨우치게 되는 쓰나미

회개

인간은 자연 앞에 속수무책이다
지구를 파헤친 내 탓
회개할 밖에

지금 지구촌 곳곳에는 예상치 못한 재난이 인류를 덮치고 있습니다. 후진국과 선진국을 가리지 않습니다. 기상 이변으로 남북극의 빙하가 엄청난 속도로 녹아 내리고 있습니다. 시인은 그 원인을 인간이 지구를 파헤쳤기 때문이라고 보았습니다.

우리나라도 겨울 전력에 비상이 걸렸습니다. 원인을 알고 보니 지난 십수 년 간 원전에서 부품을 교체할 때마다 정품이 아닌 모조품을 사용했기 때문이랍니다. 하이테크놀로지의 총합이라는 원전에 "이것 하나쯤이야" 하면서 하나둘씩 위조 부품을 끼워 넣다 보니 심각한 상태에까지 이르렀습니다. 후쿠시마 재앙이 한반도에서 일어나지 않는

다고 누가 장담할 수 있겠습니까. 그래서 하루에 80억 원의 손해를 보면서도 급히 그 중 몇 개는 가동을 중단한 것입니다.

우리 눈에는 허리케인이나 쓰나미, 원전 사고는 갑자기 닥치는 재난으로 보입니다. 그러나 실상은 그렇지 않습니다. 서정주 시인도 "한 송이 국화꽃을 피우기 위해 봄부터 소쩍새는 그렇게 울었나보다"고 노래했습니다. 어떤 사람이 교통사고를 냈다면 그 사고와 비슷한 유형의 운전을 이미 수십 차례 했다는 통계를 본 적이 있습니다. '이것쯤이야, 이건 괜찮아' 하며 별스럽지 않게 생각한 것이 쌓이고 쌓여서 한순간에 엄청난 재난으로 덮친다는 말입니다. 결국 내가, 내 하루하루가 재난의 불씨요, 원인입니다.

바벨론을 덮친 재앙

다니엘서 5장은 이렇게 끝을 맺고 있습니다.

> 그 날 밤에 갈대아 왕 벨사살이 죽임을 당하였고 메대 사람 다리오가 나라를 얻었는데 그 때에 다리오는 육십이 세였더라. 단 5:30-31

가톨릭 성경에서는 30절을 "바로 그 날 밤에 갈대아 왕 벨사살이 살해되었다"고 번역하면서 '그 날 밤'을 강조하고 있습니다. 바로 그 날 밤, 바벨론의 벨사살 왕이 갑자기 살해됐습니다. 그 순간 대제국 바벨론도 막을 내리고 파사 제국이 들어섰습니다. 이 사건은 겉으로 보면 전혀 예기치 못하게, 급박하게 일어난 것처럼 보입니다.

하지만 그 날 밤 그 한 사건이 정말 한 순간에 벨사살을 덮쳤을까요? 바벨론 제국의 멸망이 그 날 밤에 순식간에 나타났을까요? 이를 알기 위해서는 먼저 '그 날 낮'을 살펴봐야 합니다. '그 날 밤'이 있었다면 분명 '그 날 낮'이 있었을 것이기 때문입니다. 그 날 밤이 결과라면 그 날 낮은 원인입니다.

> 벨사살 왕이 그의 귀족 천 명을 위하여 큰 잔치를 베풀고 그 천 명 앞에서 술을 마시니라 벨사살이 술을 마실 때에 명하여 그의 부친 느부갓네살이 예루살렘 성전에서 탈취하여 온 금, 은 그릇을 가져오라고 명하였으니 이는 왕과 귀족들과 왕후들과 후궁들이 다 그것으로 마시려 함이었더라. 단 5:1-2

여기에서 '그 날'은 주전 539년 11월의 어느 날입니다. 바벨론 최후의 그 날에 궁중에서 흥겨운 잔치가 열렸습니다. 귀인 천 명이 참석할 정도로 규모가 대단했습니다. 그리고 그 잔치가 하루 만에 끝난 것은 아닌 듯합니다. 에스더 1장에 보면 바벨론 왕 아하수에로가 궁중에서 잔치를 벌였는데, 그 잔치가 무려 180일 동안 진행되었다고 했습니다 (에 1:4). 이로 보건대 벨사살도 이 큰 잔치를 적어도 일주일, 한 달 이상 벌였음에 틀림없습니다. 또 하나, 지금 벨사살은 바벨론 왕궁에서 천여 명의 귀족들에게 둘러싸여 있습니다. 가장 안전한 장소에서 잔치를 벌이고 있습니다.

드디어 '그 날'이 되었습니다. '그 날' 그 잔치는 절정을 향해 치닫고 있었습니다. 술이 거나하게 취한 벨사살은 바로 그 날, 예루살렘 성전에서 탈취한, 분명 하나님께 제사할 때 사용했던 구별된 성물(聖物)이었을 그 그릇들을 다 가져오도록 명령했습니다. 성물들이 도착하자 그들은 그 그릇에 술을 가득 따라 서로 술잔을 부딪치고, 나라의 안녕과 왕의 만수무강을 기원했을 것입니다. 바로 '그 날 밤' 벨사살이 살해되었습니다. 그 큰 성 바벨론도 무너졌습니다. 얼마나 충격적이었던지, 요한계시록에서는 이 사건을 말세에 나타날 종말에 비유하고 있습니다.

> 이 일 후에 다른 천사가 하늘에서 내려 오는 것을 보니 큰 권세를 가졌는데 그의 영광으로 땅이 환하여지더라 힘찬 음성으로 외쳐 이르되 무너졌도다 무너졌도다 큰 성 바벨론이여 귀신의 처소와 각종 더러운 영이 모이는 곳과 각종 더럽고 가증한 새들이 모이는 곳이 되었도다.
>
> 계 18:1-2

'그 날'과 '그 날 밤' 사이는 시간적으로 불과 반나절에 불과합니다. 그 날 태평성대를 노래했습니다. 그런데 갑자기 전혀 예기치 못한 사건이 터졌습니다. 하지만 '갑자기'가 아닙니다. 오래 전부터 태동되고 있었고, 이를 알면서도 대수롭지 않게 생각하다가 어느 날 눈앞에 거대한 사건이 터진 것입니다. 이것이 다니엘 5장의 핵심입니다. 그래서 다시 본문을 봐야 합니다. 본문을 통해 성령께서 주시는 음성에 귀를 기울여야 합니다.

지켜보시는 하나님

큰 잔치가 벌어졌습니다. 성전에서 사용하는 그릇들을 술잔으로 동원했습니다. 그 술잔은 느부갓네살이 탈취해 온 것이기는 하지만 술잔으로 사용하지는 않았습니다. 그런데 벨사살은 그것으로 하나님을 모욕하고 자신들의 신들을 찬양했습니다(단 5:4). 바로 그 날 낮, 그 현장에 기이한 일이 일어났습니다.

> 그 때에 사람의 손가락들이 나타나서 왕궁 촛대 맞은편 석회벽에 글자를 쓰는데 왕이 그 글자 쓰는 손가락을 본지라. 단 5:5

그 손가락이 어디쯤 나타났을까요? 천 명을 능히 수용할 수 있는 넓고 큰 연회장의 어디쯤이었을까요? 우리 성경에는 "왕이 그 글자 쓰는 손가락을 본지라"고 번역하고 있습니다. 하지만 원문에는 "손바닥을 보았다"고 되어 있습니다. 그러니까 손가락만 나타난 것이 아니고, 손 하나가 나타나더니 그 손가락이 벽에 글을 쓴 것입니다. 벨사살이 그 손의 바닥을 보았다면 그가 벽을 등에 지고 앉아 있는 머리 윗부분의 벽에 글을 썼음에 틀림없습니다. 그 자리에 모인 천여 명 중에 왕의 제일 가까이에서, 왕이 제일 잘 보이는 위치에 손이 나타난 것입니다. 그리고 그를 찍어 누르듯이 글자 하나하나를 새겨나가고 있는 것입니다. 그래서 벨사살은 그 누구보다도 사색이 된 것입니다.

이에 왕의 즐기던 얼굴 빛이 변하고 그 생각이 번민하여 넓적다리 마디가 녹는 듯하고 그의 무릎이 서로 부딪친지라. 단 5:6

벽에 쓰인 글자는 그 누구도 읽거나 해독하지 못했습니다. 또 다시 다니엘이 부름을 받았습니다. 그리고 그 글자를 이렇게 또박또박 읽었습니다.

기록된 글자는 이것이니 곧 메네 메네 데겔 우바르신이라. 단 5:25

이어서 그 글자를 해석합니다(단 5:26-28). "메네"는 '세어지다', "데겔"은 '저울에 달리다', "베레스"는 '나뉘다', "우바르신"의 '우'는 접속사로서 앞의 두 단어 메네와 데겔을 받습니다. 그러므로 베레스는 앞의 두 단어의 결과입니다. 이 글자들이 의미하는 바가 무엇일까요?

어떤 학자들은 메네를 화폐 단위 '므나'로 봅니다. 므나는 250세겔입니다. 마치 돈을 헤아리듯이 세고, 또 세신다는 뜻입니다. 데겔은 무게 단위인데 11.42그램이라고 합니다(창 24:22). 그것을 저울에 얹어 놓고 어느 쪽으로 기우는지 살피신다는 뜻입니다. 즉 하나님은 오랜 기간 동안 지켜보셨습니다. 저울에 달아 보셨습니다. 이는 하나님이 그렇게 오랜 기간 동안 벨사살을 주목하셨다는 뜻입니다. 그렇다면 그 하나님이 "메네 메네 데겔" 하시는 그 오랜 기간 동안 어떤 일들이 있었을까요?

> 왕이여 지극히 높으신 하나님이 왕의 부친 느부갓네살에게 나라와 큰 권세와 영광과 위엄을 주셨고 사람 중에서 쫓겨나서 그의 마음이 들짐승의 마음과 같았고 또 들나귀와 함께 살며 또 소처럼 풀을 먹으며 그의 몸이 하늘 이슬에 젖었으며 지극히 높으신 하나님이 사람 나라를 다스리시며 자기의 뜻대로 누구든지 그 자리에 세우시는 줄을 알기에 이르렀나이다 벨사살이여 왕은 그의 아들이 되어서 이것을 다 알고도 아직도 마음을 낮추지 아니하고. 단 5:18, 21-22

여기에 '알았다'는 단어가 반복하여 등장합니다. 벨사살이 무엇인가를 알았다는 것입니다. 하나님이 느부갓네살에게 큰 권세와 영화와 위엄을 주셨습니다. 그런데 그가 하나님을 거역하고 높아지려고 하다가 쫓겨나 소처럼 풀을 먹는 신세가 되었습니다. 벨사살은 그렇게 하신 분이 누구신지 알았습니다. 벨사살에게 느부갓네살은 산 교훈이었습니다.

그럼에도 벨사살은 마음이 교만했습니다. 하나님을 능멸했습니다. 우상 신들을 찬양하며 술판으로 세월을 보냈습니다. 그 모습을 지난 세월 동안 세고, 또 세시는 분이 계셨습니다. 저울에 달고 또 달아 보는 분이 계셨습니다. 그러다가 한 순간, 하나님은 '우바르신' '베레스', 즉 메대와 파사를 동원하여 성을 에워싸게 하셨고, 그 날 밤, 파티가 최고조에 달했을 때 그는 살해되고 말았습니다.

그러므로 바벨론의 멸망과 벨사살의 살해는 한순간에 일어난 사건이 결코 아닙니다. 긴 세월 동안 메네 메네, 데겔이 있었습니다. 하나님이 세고 계시는데, 저울은 점점 한쪽으로 기울어져 가는데, 적군들은 바벨론 성을 포위하고 있는데, 이를 감지하지 못하다가 침몰하고 만 것입니다.

기다리시는 하나님

여러분은 지금 어떤 환경에 던져져 있습니까? 혹시 지금이 '그 날'이 아닙니까? 흥겹고, 즐겁고, 신나는 그 날 말입니다.

> 또 내가 내 영혼에게 이르되 영혼아 여러 해 쓸 물건을 많이 쌓아 두었으니 평안히 쉬고 먹고 마시고 즐거워하자 하리라 하되 **눅 12:19**

그렇다면 이 시간 영적 눈을 들어 내가 앉아 있는 바로 위쪽을 바라보십시오. 그리고 벽면을 주시하십시오. 손바닥이 보이지 않습니까? 손가락들이 글을 쓰는 것이 보이지 않습니까? "메네 메네 데겔 우바르신"이라고 말입니다.

하나님은 지금도 "메네, 메네" 하시는 분이십니다.

> 너희에게는 머리털까지 다 세신 바 되었나니. 마 10:30

그 하나님은 "데겔" 하시는 분이십니다.

> 공평한 저울과 접시 저울은 여호와의 것이요 주머니 속의 저울추도 다 그가 지으신 것이니라. 잠 16:11

그 하나님은 결국 그 밤에 "우바르신" 하실 것입니다.

> 또 내가 보니 죽은 자들이 큰 자나 작은 자나 그 보좌 앞에 서 있는데 책들이 펴 있고 또 다른 책이 펴졌으니 곧 생명책이라 죽은 자들이 자기 행위를 따라 책들에 기록된 대로 심판을 받으니. 계 20:12

내가 아무리 안전한 곳에 보호막을 쳐놓아도 소용없습니다. 그분이 "우바르신" 하면 끝납니다. 그것도 단숨에 끝납니다. 그런데 오늘 우리는 여기 있습니다. 지금까지 잘 달려왔습니다. 그 이유가 무엇일까요?

> 사랑하는 자들아 주께는 하루가 천 년 같고 천 년이 하루 같다는 이 한 가지를 잊지 말라. 벧후 3:8

하나님 앞에서는 하루가 천 년 같고, 천 년이 하루 같기 때문입니다. 이뿐만이 아닙니다.

> 주의 약속은 어떤 이들이 더디다고 생각하는 것 같이 더딘 것이 아니라 오직 주께서는 너희를 대하여 오래 참으사 아무도 멸망하지 아니하고 다 회개하기에 이르기를 원하시느니라. 벧후 3:9

하나님의 참으심이 있기에, '우바르신'을 계속 연기하시는 하나님의 은혜가 있기에, 오늘 우리가 있습니다. 이 하나님을 바라보면서 지나온 날들을 돌아보십시오. 아무도 멸망하지 아니하고, 다 회개하기에 이르기를 원하시기에, 하루를 천 년처럼 세고 계시는 하나님이 계시기에, 오늘 우리가 여기 존재하는 것입니다.

그러나 분명 '그 날 밤'이 올 것입니다. 그 날 밤, 책들이 펼쳐져 있고, 거기에 기록된 대로 다 심판을 받을 것입니다. 하나님은 오늘도 '메네 메네 데겔' 쓰고 계십니다. '그 날 밤'을 대비하여 오늘 나에게 주어진 '그 날'을 지혜롭게 열어 가십시오. 이런 하나님 앞에서 하나님의 뜻에 합당한 삶을 살기로 다짐하고, 진정 두려움과 떨림으로 자신의 구원을 이루어 가십시오.

다니엘 6:1-9

15
기도하는 자와 맞서지 말라

하나님의 눈은 약한 자들에게 항상 고정되어 있습니다.
이 세상에서 가장 약한 자는 기도하는 자입니다.
하지만 그 약한 자가 사실은 가장 강한 자입니다.

2012년, 대선 때의 일입니다. 매번 있어 왔던 대선의 모습과 18대 대선의 분위기는 좀 달랐습니다. 분명 대통령을 뽑는 선거인데 국민의 관심사는 대통령을 뽑는 것보다 야권단일화에 더 관심이 모아졌습니다. 야권의 두 후보가 팽팽한 접전을 벌였기 때문입니다. 결국은 한쪽이 사표를 던지고 칩거에 들어가면서 우여곡절 끝에 야권의 후보가 정해졌습니다. 그런 일이 있고서야 여론은 두 대통령 후보의 대결에 초점을 맞추면서 박빙이 될 거라고, 몇 십만 표 차이로 당락이 결정될 거라고 여러 전문가의 이야기를 들어 예상을 하곤 했습니다. 그때는 모든 국민이 둘 중에 누가 대통령이 될 것인지 모이는 곳마다 자기주장을 펼치며 흥미진진한 드라마처럼 관심을 기울였던 것 같습니다.

지는 싸움

하지만 해보나마나 한 게임이 있습니다. 이를테면, 골리앗과 다윗의 대결입니다. 객관적으로 볼 때 이런 게임은 세간의 관심을 사거나 흥미를 유발하지 못합니다. 결과가 뻔하기 때문입니다. 하지만 의외의 결과가 나타났습니다. 목동 소년, 다윗이 승리했습니다. 의외의 결과였기에 그 파장은 두고두고 크게 나타났습니다.

그런데 골리앗과 다윗, 다윗과 골리앗의 대결과 비교가 되지 않을 정도로 저울추가 기우는 싸움이 성경에 소개되고 있습니다. 그것은 바로 대제국 페르시아의 왕과 고관대작, 즉 권력 전체와 다니엘의 대결입니다. 우선 어떤 배경에서 이 역사적 대결이 전개되는지 보십시오.

> 다리오가 자기의 뜻대로 고관 백이십 명을 세워 전국을 통치하게 하고 또 그들 위에 총리 셋을 두었으니 다니엘이 그 중의 하나이라 이는 고관들로 총리에게 자기의 직무를 보고하게 하여 왕에게 손해가 없게 하려 함이었더라. 단 6:1-2

다니엘 6장은 5장의 마지막 부분과 긴밀하게 이어집니다.

그 날 밤에 갈대아 왕 벨사살이 죽임을 당하였고 메대 사람 다리오가 나라를 얻었는데 그 때에 다리오는 육십이 세였더라. 단 5:30-31

벨사살이 살해되었습니다. 그와 동시에 바벨론 제국도 막을 내렸습니다. 그리고 그 뒤를 이어 페르시아, 즉 파사라는 새 제국이 들어섰습니다. 한 제국이 몰락하고 또 다른 제국이 마치 아침의 태양과 같이 역사의 전면에 떠올랐습니다.

새로운 제국의 새로운 왕

이 역사적 분기점에서 제일 먼저 정리해야 할 부분이 있습니다. 이 제국의 첫 번째 통치자가 누구였던가 하는 점입니다. 다리오라고 성경은 소개하고 있습니다. 그런데 우리는 파사 제국의 첫 번째 왕을 고레스로 알고 있습니다. 그런데 성경은 다리오라고 밝힙니다. 도대체 다리오일까요, 고레스일까요?

우선 다리오와 고레스가 동일한 인물이었다는 견해가 있습니다. 전혀 근거가 없는 주장이 아닙니다. 왜냐하면, 어느 나라든지 왕으로 등극하는 순간 다른 이름을 사용하기 때문입니다. 우리가 잘 아는 세종대왕의 원래 이름은 '이도'였습니다. 그러다가 나중에 '충녕대군'으로 불렸고, 죽은 뒤에 역사는 그를 '세종'으로 부릅니다. 요셉이 애굽에 팔려갔을 때 왕이 바로였습니다. 그런데 그 후 400년이 지난 뒤에도 애굽의 왕은 바로였습니다. 동일인일까요? 당시에는 왕을 바로라고 불렀습니다. 왕들은 또 다른 이름을 갖고 있었습니다. 그래서 다리오와 고레스가 동일 인물이라는 주장은 어느 정도 일리가 있습니다.

그러나 걸리는 것이 있습니다. 다리오는 메대 사람이었습니다(단 5:31). 하지만 고레스는 바사 사람이었습니다(단 6:28). 뿐만 아니라 다니엘은 다리오와 고레스 왕 시대에 살았다고 밝히고 있습니다.

> 이 다니엘이 다리오 왕의 시대와 바사 사람 고레스 왕의 시대에 형통하였더라. 단 6:28

어떤 학자는 접속사 '와'를 '그리고'로 번역하지 말고 콤마(,)로 보면 문제될 것 없다고까지 하며, 다리오와 고레스는 동일인물이라고 주장합니다. 하지만 어쩐지 무리가 있습니다. 만일 동일한 인물이 아니라면 다리오와 고레스는 누구일까요?

> 메대 사람 다리오가 나라를 얻었는데 그 때에 다리오는 육십이 세였더라. 단 5:31

> 메대 족속 아하수에로의 아들 다리오가 갈대아 나라 왕으로 세움을 받던 첫 해. 단 9:1

"나라를 얻었는데", "세움을 받던"이라는 표현이 무척 의미심장합니다. 원문에는 "나라를 받았는데"라고 기록하고 있습니다. 이런 표현들은 다리오가 바벨론을 무너뜨리고 파사 제국을 세운 장본인이 아니라, 고레스 왕에게 바벨론 지역을 다스리는 통치자로 임명 받았을 가능성을 열어 놓고 있습니다. 그래서 "얻었는데", "세움을 받았는데"라고 기술하고 있는 것입니다.

그렇습니다. 다리오와 고레스는 전혀 다른 사람입니다. 페르시아 제국을 세운 사람은 고레스입니다. 그런데 그 제국은 느부갓네살의 바벨론보다 더 광대했습니다. 그래서 고레스는 지역마다 왕들을 세워 그 지역을 다스리도록 했던 것 같습니다. 그 중에 옛 바벨론 지역은 다리오란 자에게 맡겼습니다. 그 옛날 중국의 천자(天子)가 각 지역에 왕을 두어서 통치하도록 했던 것처럼 말입니다. 중세에는 유럽지역의 왕들도 로마교황에게 자신들이 다스릴 나라를 받아 다스렸습니다. 그래서인지 앞부분에서는 왕이라 지칭하지 않고 그냥 '다리오'라고만 묘사하고 있습니다(단 5:31, 6:1).

세력 다툼 속에 총리가 된 다니엘

새 정권이 들어섰습니다. 새 정권이 들어서면 대통령 당선자는 분명 중요한 자리에 자기 사람들을 심습니다. 대통령의 인사권은 선출직을 뺀 나머지 자리에는 영향을 미치지 않는 곳이 없습니다. 그래서 정권이 바뀌면 웬만한 자리는 다 알아서 일단 사표를 제출합니다. 그러면 완장 찬 사람들이 마치 전리품을 나누듯이 그 자리들을 꿰차게 됩니다.

그런데 이 과정에서 언제나 눈여겨볼 인사가 단행됩니다. 한두 자리쯤은 파격적인 인사를 단행하는 것입니다. 대통령이 이쪽 출신이면, 의도적으로 저쪽 출신을 등용하거나, 장애인, 귀화인, 탈북인 등 소외되었던 사람을 파격적으로 발탁하여 그럴듯한 자리에 앉힙니다. 그래서 새 대통령은 '탕평인사를 하며, 소외된 사람들도 보듬는 권력자'라는 메시지를 던지려 합니다. 하지만 그렇게 발탁된 사람은 힘이 없습니다. 권력의 틈바구니에서 개밥에 도토리처럼 얼굴마담 노릇이나 하다가 어느 순간 팽(烹)을 당하고 맙니다. 이는 역사가 증명하는 사실입니다.

다리오 역시 강한 변화를 시도했습니다. 다리오는 우선 직제를 개편했습니다. 그리고 인적 쇄신, 물갈이를 시도했습니다. 요직에는 믿을 수 있는 자기 사람들을 심기 시작했습니다. 다리오 역시 깜짝 인사를 단행합니다. 다니엘을 발탁한 것입니다. 다리오는 다니엘을 총리로 임명했습니다.

다니엘은 소수민족에 더군다나 포로 출신입니다. 왕의 이미지 쇄신에는 분명 도움이 되었을 것입니다. 하지만 다니엘에게 무슨 힘이 있겠습니까. 누가 그의 편이 되어 그를 지지하겠습니까. 아무도 없습니다. 그야말로 얼굴마담일 뿐입니다. 그러므로 다니엘 6장의 다니엘은 역설적으로 가장 약한 자, 힘없는 자의 모델입니다. 그런데 이런 다니엘을 제거하려는 거대한 대결구도가 형성됩니다.

> 나라의 모든 총리와 지사와 총독과 법관과 관원이 의논하고 왕에게 한 법률을 세우며 한 금령을 정하실 것을 구하나이다 왕이여 그것은 곧 이제부터 삼십 일 동안에 누구든지 왕 외의 어떤 신에게나 사람에게 무엇을 구하면 사자 굴에 던져 넣기로 한 것이니이다. 단 6:7

총리와 지사, 총독, 법관, 관원들은 새롭게 건설하는 나라를 위해 혼신의 힘을 쏟도록 세워진 자들입니다. 그런데 그들이 지금 직책을 이용하여 세(勢)를 구축하고 있습니다. 국가의 권력이 총동원되고 있습니다. 여기에 다리오 왕까지 끌어들입니다. 여기서 끝나지 않습니다. 저들은 법을 제정합니다. 그래서 금령에 도장을 찍는 순간, 왕도 어찌할 수 없도록 만들어 버립니다.

이렇게 세상 법뿐 아니라 하나님의 율법까지 동원합니다. 하나님도 꼼짝할 수 없게 만들겠다는 의도입니다. 다니엘을 향한 그들의 공격은 치밀하고, 치졸하고, 치열했습니다. 그들이 할 수 있는 모든 방법을 총동원했습니다. 결코 빠져 나올 수 없는 완벽한 작전을 구사하고 있습니다.

약한 자를 돌보시는 하나님

이 싸움은 골리앗과 다윗의 싸움과는 비교도 되지 않습니다. 보나 마나 너무나 싱거운 싸움입니다. 그런데 결과는 어떻게 나타났을까요? 누가 사자굴 속에 던져졌을까요? 누가 굶주린 사자의 밥이 되었을까요? 다니엘일까요, 거대한 권력집단이었을까요? 과연 어느 쪽이 최후의 승자가 되었을까요?

> 왕이 말하여 다니엘을 참소한 사람들을 끌어오게 하고 그들을 그들의 처자들과 함께 사자 굴에 던져 넣게 하였더니 그들이 굴 바닥에 닿기도 전에 사자들이 곧 그들을 움켜서 그 뼈까지도 부서뜨렸더라. 단 6:24

이 사건이 오늘 우리에게 주는 교훈은 절대로 약한 자를 공격하지 말라는 것입니다. 우리가 신앙생활을 하면서 하나님을 잘 섬기려면 우선 하나님이 기뻐하시는 것이 무엇인지를 잘 알아야 합니다.

> 너희는 이 세대를 본받지 말고 오직 마음을 새롭게 함으로 변화를 받아 하나님의 선하시고 기뻐하시고 온전하신 뜻이 무엇인지 분별하도록 하라. 롬 12:2

더 중요한 것이 있습니다. 우리는 하나님이 싫어하시는 것이 무엇인지 잘 분별해야 합니다.

여호와께서 미워하시는 것 곧 그의 마음에 싫어하시는 것이 예닐곱 가지이니. 잠 6:16

하나님이 기뻐하시는 일을 아무리 열심히 해도 하나님이 싫어하시는 일을 하면, 하나님은 얼굴을 돌리십니다. 진노하십니다. 그중에서 가장 중요한 것이 약자를 공격하고 괴롭히는 것입니다. 무시하는 것입니다. 약자를 짓밟는 것입니다. 이것을 하나님은 정말 싫어하십니다. 하나님의 심판대 앞에서 우리는 세 관문을 통과해야 합니다. 성령충만, 사명 감당, 약자 돌봄이란 관문입니다(마 25장). 마지막 관문이 약자에 대한 태도임을 잊지 마십시오.

그러면 약한 자가 과연 누구일까요? 스가랴 7장 10절에는 고아, 과부, 나그네를 약자로 언급하고 있습니다. 마태복음 18장 10절에는 어린아이를 약자로 묘사하고 있습니다. 잠언 17장 5절에는 가난한 자를 약자라고 합니다. 마태복음 25장 36절에는 병든 자, 나그네 된 자, 감옥에 갇힌 자를 약자라고 말씀합니다. 누가복음 10장 30절에는 강도 만난 자를 약자로 등장시키고 있습니다.

그래서 우리는 약자 하면 고아, 과부, 나그네, 어린 아이, 병든 자, 감옥에 갇힌 자를 떠올립니다. 그런데 과연 이들만 약자일까요? 이들은 무조건 약자일까요? 성경이 말하는 진정한 약자는 과연 어떤 자일까요? 이 질문에 대한 답이 바로 본문입니다. 가장 약한 모습으로 등장한 다니엘, 그가 지금 뭘 하고 있습니까?

> 다니엘이 이 조서에 왕의 도장이 찍힌 것을 알고도 자기 집에 돌아가서는 윗방에 올라가 예루살렘으로 향한 창문을 열고 전에 하던 대로 하루 세 번씩 무릎을 꿇고 기도하며 그 하나님께 감사였더라. 단 6:10

다니엘은 왜 기도했을까요? 약했기 때문에 기도했습니다. 그 누구의 힘이나 도움이 필요 없다고 생각하는 자, 강한 자는 절대 기도하지 않습니다. 내 힘으로 얼마든지 살아갈 수 있다고 생각하는 사람은 기도의 무릎을 꿇지 않습니다. 어찌 그런 사람을 약자라 할 수 있겠습니까. 그러나 약한 자는 기도하지 않을 수 없습니다. 도움을 요청하지 않을 수 없습니다.

약하기 때문에 무릎 꿇는 사람들

그러므로 기도하는 사람이 약한 자입니다. 기도하는 사람이 가장 약한 자입니다. 엎드려서 하나님의 도우심을 구하는 기도자가 약한 자의 롤 모델입니다. 그가 약한 자인지, 아닌지를 구분하는 잣대는 오직 한 가지입니다. 기도입니다. 이 세상에서 가장 약한 자는 기도하는 자입니다. 이들과 맞서면 안 됩니다.

성경에 보면 아말렉이란 족속이 나옵니다. 하나님께서 이 족속을 특히 미워해서 완전히 멸절하셨습니다. 그 이유가 무엇인지 압니까? 출애굽기 17장에 보면 이스라엘 백성이 이제 막 출애굽을 하여 광야에 접어들었습니다. 지난 400년 동안 광야가 무엇인지, 어떤 곳인지 한 번도 경험하지 못하고 아무것도 가지지 못한 이스라엘 백성은 물이 없어 목말라했고, 먹을 것이 없어 허기진 배를 움켜쥐었습니다. 광야 위의 저들은 그야말로 약자, 피곤한 나그네들이었습니다.

이런 저들을 가로막아 선 자들이 바로 아말렉 족속입니다(출 17:8). 그때 이스라엘 백성, 모세와 아론과 훌은 무엇을 하였습니까? 기도했습니다. 손을 들고 기도했습니다. 약했기에 하나님을 향하여 손을 들었습니다. 그런데 저들은 그 이후에도 끈질기게 뒤쫓아 오며, 또 숨어 있다가 이스라엘을 괴롭혔습니다.

> 아말렉인과 산간지대에 거주하는 가나안인이 내려와 그들을 무찌르고 호르마까지 이르렀더라. 민 14:45

이들은 사무엘상에서까지 나타납니다.

> 다윗과 그의 사람들이 사흘 만에 시글락에 이른 때에 아말렉 사람들이 이미 네겝과 시글락을 침노하였는데 그들이 시글락을 쳐서 불사르고 거기에 있는 젊거나 늙은 여인들은 한 사람도 죽이지 아니하고 다 사로잡아 끌고 자기 길을 갔더라 다윗과 그의 사람들이 성읍에 이르러 본즉 성읍이 불탔고 자기들의 아내와 자녀들이 사로잡혔는지라 다윗과 그와 함께 한 백성이 울 기력이 없도록 소리를 높여 울었더라. 삼상 30:1-4

정말 끈질깁니다. 출애굽을 주전 1,500년으로 본다면 그로부터 500년 뒤의 사건입니다. 혈관에 흐르는 피는 못 속입니다. 그들은 아무도 방비하지 않을 때, 남성들이 없을 때 젊거나 늙은 여인, 자녀들을 사로잡아 끌고 갔습니다. 그들은 상대가 약할 때, 약한 자들만을 골라 공격하고 괴롭혔습니다.

이런 자들을 향하여 하나님께서 무엇이라고 말씀하십니까?

> 너희는 애굽에서 나오는 길에 아말렉이 네게 행한 일을 기억하라 곧 그들이 너를 길에서 만나 네가 피곤할 때에 네 뒤에 떨어진 약한 자들을 쳤고 하나님을 두려워하지 아니하였느니라 그러므로 네 하나님 여호와께서 네게 기업으로 주어 차지하게 하시는 땅에서 네 하나님 여호와께서 사방에 있는 모든 적군으로부터 네게 안식을 주실 때에 너는 천하에서 아말렉에 대한 기억을 지워버리라 너는 잊지 말지니라.
>
> 신 25:17-19

하나님이 아말렉을 미워하신 이유는 약자를 공격했기 때문입니다. 약자 중의 약자인 기도자를 공격했기 때문입니다. 약한 자를 공격한 자가 역사에 남은 적이 없습니다. 왜냐하면 하나님이 약한 자와 함께 하시기 때문입니다.

성경에서 가장 약하고 불쌍한 족속은 기브온 거민입니다. 이들은 종의 종이 되어야 하는 운명적 존재였습니다(창 9장). 그런데 이들이 하나님 앞에 나아와 기도하자 하나님이 그들을 위하여 하늘의 태양을, 밤의 달을 멈추시기까지 하며 저들을 위하여 싸우셨습니다(수 10:12). 이렇게 하나님은 언제나 약한 자의 편이십니다.

"죽으면 죽으리이다" 하는 기도의 사람을 짓밟으려 했던 하만의 최후는 어떠했습니까?(에 7:10) 굴 속에 쭈그리고 앉아 눈물을 흘리며 소리 내어 기도했던 다윗을 기어이 죽이려 했던 사울의 최후는 과연 어떠했습니까?(시 142:7) 성읍이 완전히 에워싸였는데도 기도했던 엘리사를 생포하려 했던 수많은 아람 군사들의 눈은 과연 어떻게 되었습니까?(왕하 6:18)

하나님의 눈은 약한 자들에게 항상 고정되어 있습니다. 그리고 약한 자들은 기도로 하나님을 의지합니다. 하나님의 도우심을 간절히 바라고 있습니다. 다시 이야기하지만 이 세상에서 가장 약한 자는 기도하는 자입니다. 하지만 그 약한 자가 사실은 가장 강한 자입니다.

기도는 하나님을 의지하는 것입니다. 하나님의 도우심을 간절히 바라는 것입니다. 이런 기도자를 하나님은 결코 외면하지 않으십니다. 하나님은 기도를 생명처럼 여기는 자와 함께하십니다. 기도하는 자 대신 싸우십니다. 그러므로 기도하는 자와 맞서지 마십시오. 기도를 호흡으로 생각하고 엎드려 있는 자를 무시하지 마십시오. 기도하는 자와 함께 뜻과 마음을 모아서 하나님 나라를 세워 나가는 지혜로운 자가 되십시오.

기억해야 할 한 문장

13. 기회, 언제나 그곳에 있다

하나님은 지금 우리가 처한 삶의 현장을 극복할 수 있는, 아니 오히려 반전시킬 수 있는 길을 항상 예비해 놓고 계십니다.

우리가 어떤 상황에 놓여 있다 할지라도 하나님은 말씀이든, 꿈이든, 주의 종이든, 어떤 모양으로든 지금 내가 처한 그 현장에 길을 만들어 놓고 계십니다.

14. '그 날' 그리고 '그 날 밤'

'그 날 밤'을 대비하여 오늘 나에게 주어진 '그 날'을 지혜롭게 열어 가십시오.

하루를 천 년처럼 세고 계시는 하나님 앞에서 그의 뜻에 합당한 삶을 살기로 다짐하고, 진정 두려움과 떨림으로 자신의 구원을 이루어 가십시오.

15. 기도하는 자와 맞서지 말라

하나님의 눈은 약한 자들에게 항상 고정되어 있습니다. 그리고 약한 자들은 기도로 하나님을 의지합니다. 하나님의 도우심을 간절히 바라고 있습니다. 다시 이야기하지만 이 세상에서 가장 약한 자는 기도하는 자입니다. 하지만 그 약한 자가 사실은 가장 강한 자입니다.

기도는 하나님을 의지하는 것입니다. 하나님의 도우심을 간절히 바라는 것입니다. 이런 기도자를 하나님은 결코 외면하지 않으십니다.

먼저 말씀을 가까이하십시오. 말씀 앞으로 나아오십시오. 하나님의 말씀 가까이 나아가면 내가 무엇을 해야 할지 하나님께서 답을 주십니다. 말씀해 주시고, 가르쳐 주십니다. 그리고 그 말씀에 의지하여 기도하십시오.

5
chapter

꿈을 회복하시는 하나님

엎드리십시오. 죄를 철저히 자복하십시오. 하나님께서 그런 자에게 긍휼과 자비를 베풀어 주십니다. 기도할 즈음에, 기도를 시작할 때에, 기도하는 그 순간 하나님께서 우리에게 답을 주십니다.

다니엘 7:21-28

16
빼앗긴 꿈, 회복되리라

우리는 주님의 손 안에 있습니다. 비록 꿈이 산산조각 나 있을지라도
그 꿈을 멋있게 회복시켜 주실 것입니다.

성경은 결코 만만한 책이 아닙니다. 억지로 풀어서는 안 됩니다(벧후 3:16). 주님이 천국의 비밀을 언제나 비유로 말씀하신 것도 그런 이유 때문입니다(마 13:34). 성경에서 가장 난해한 말씀이 다니엘서라는데 이론(異論)의 여지가 없습니다. 그 다니엘서 중에서도 7장을 가장 난해한 부분으로 뽑습니다. 때문에 학자들은 이 7장에 통일된 견해를 내놓지 못합니다. 그만큼 쉽게 넘어갈 부분이 아닙니다.

이런 말씀 앞에서 우리가 취할 태도는 무엇일까요? 방법은 하나밖에 없습니다. 계속 성령을 의지하면서 계시된 말씀을 읽고 또 읽는 것입니다. 저의 경우 '집중하여', '수없이'라는 표현이 가장 적절할 듯합니다. 저 역시 다니엘 7장을 읽고 또 읽어도 무슨 뜻인지 도무지 감이

잡히지 않았습니다. 참고도서들을 살펴도 그게 그거였습니다.

혼자서 끙끙대고 있는데, 다른 교회의 한 장로님이 예고도 없이 방문을 하겠다고 연락이 왔습니다. 전화로 용건을 이야기하라고 해도 전달할 것이 있어서 꼭 만나야 한다고 했습니다. 그 장로님이 갑자기 책을 한 권 선물해야겠다는 생각이 들었다고 했습니다. 비닐로 포장된 새 책이었습니다. 그 장로님은 책을 건네주고 선걸음으로 가셨습니다. 본문을 놓고 씨름하던 차였기에 머리도 식힐 겸, 비닐 포장을 뜯었습니다. 그리고 첫 장을 넘겼습니다.

빼앗긴 꿈의 회복

그 책의 프롤로그는 이렇게 시작됩니다.

"차마 입에 담기 어려운 엽기적인 방법으로 사람을 죽여 사형을 선고 받았던 전과 34범의 한 사형수가 20년 만에 특별사면으로 교도소에서 출소할 준비를 하고 있다. 온몸의 80퍼센트가 여전히 문신으로 덮여 있는 그가 교도소 문밖에서 잠시 푸른 하늘을 바라보더니, 자신이 가야 할 장소가 정해졌다는 듯이 결연한 표정으로 움직이기 시작한다. 한 입시학원, 늦은 밤 아이들은 학원에서 쏟아져 나와 기다리는 엄마에게로 달려간다. 그 순간 허름한 옷차림의 그 사나이가 길가에서 튀어나오더니 한 아이의 손을 꽉 잡는다. 그리고 그 아이의 부모에게 말한다. '이 아이를 나에게 맡기시오. 내가 당신의 아이를 이 세상을 변화시킬 훌륭한 인재로 키워 줄 테니까 말이오.' 이때 그 엄마의 심정이 어떠했을까! 정상적인 가정은커녕, 초등학교도 제대로 마치지 못한 전과 34범의 살인자가 당신에게 다가와 당신의 아이를 제대로 교육시켜 줄 테니 자신에게 맡기라고 한다! 이런 황당한 상황에서, 당신은 뭐라고 대답할 것인가? 나쁜 짓이란 나쁜 짓은 다 해본 전과 34범의 사형수에게 당신의 사랑하는 아이를 맡기겠는가?"

이것은 실화입니다. 책은 필리핀인 호세와 한국인 김숙향 부부의 이야기를 담은 것이었습니다. 내용은 빼앗겼던 꿈의 회복에 관한 것이었습니다. 전과 34범이었던 그는 지금 필리핀의 빈민도시 톤도에서 500여 명의 아이들을 가르치는 교장이 되어 있습니다. 그의 기사는 CNN을 통해 전 세계에 타전이 되기도 했습니다. 도대체 누가, 무엇이 이 호세의 꿈을 빼앗아 가고 전과 34범으로 만들었을까요? 전과 34범, 사형수, 이보다 더 산산조각 난 꿈은 없을 것입니다. 그런데 누가, 무엇이 그 산산조각 난 꿈을 이렇게 회복시켰을까요? 이 책은 "꽃은 자신이 피어날 곳을 선택하지 않는다"는 말처럼 가장 낮은데서 피는 꽃, 아니 깨어진 꿈이 다시 회복되는 꿈 이야기로 가득 차 있었습니다.

왜 평소에 저와 별로 교제도 없는 그 장로님이 갑자기 뜬금없이 저를 찾아왔을까요? 왜 본문을 놓고 씨름하는 저에게 이 책을 건네주고선 총총 걸음으로 돌아갔을까요?

사도행전 8장에 등장하는 에디오피아 국고를 맡은 내시가 떠올랐습니다. 그는 마차에서 성경을 읽고는 있었지만 그 뜻이 무엇인지 알지 못했습니다. 그때 성령께서 빌립 집사를 보내셔서 읽고 있는 본문의 뜻을 깨닫게 해주셨습니다(행 8:31).

다니엘 7장을 다시 펼치니 단순한 꿈이 아니라 빼앗긴 꿈이 회복되는 내용으로 가득 차 있었습니다. 그렇게 어렵게 느껴지던 부분이 정리되기 시작했습니다. 성경에서 가장 어렵고 난해하다는 본문이 마치 베일 벗겨지듯 점점 구체화되기 시작했습니다.

말씀이 어려울 때는 전체, 즉 숲을 개괄적으로 살펴봐야 합니다. 총 12장인 다니엘서는 1-6장, 7-12장으로 나눌 수 있습니다. 1-6장까지는 이야기로 되어 있는 반면, 7장을 포함한 12장까지는 이상(理想)들로 채워져 있습니다. 그런데 좀 더 세밀하게 살펴보면 흥미로운 부분이 있습니다.

7장을 포함한 앞부분은 아람어로 기록되어 있습니다(단 2:4b-7:28). 반면에 8장부터는 히브리어로 기록되어 있습니다. 그래서 언어로 구분한다면 당연히 7장은 앞부분에 들어가야 합니다. 하지만 장르상으로는 7장을 후반부에 넣는 것이 정상입니다.

이러한 구조 자체가 다니엘 7장의 중요성을 암시하고 있습니다. 7장은 전반부와 후반부를 이어 주는 연결고리 역할을 하고 있으며, 동시에 다니엘서의 통일성을 보여 주는 것입니다. 그래서 7장이 중요하면서도 난해하다는 것입니다.

느부갓네살과 다니엘의 꿈을 대하는 태도

그럼 이제 7장 본문으로 들어가 봅시다. 먼저, 다니엘은 벨사살 왕 원년에 이 꿈을 꾸었다고 밝힙니다.

> 바벨론 벨사살 왕 원년에 다니엘이 그의 침상에서 꿈을 꾸며 머리 속으로 환상을 받고 그 꿈을 기록하며 그 일의 대략을 진술하니라. 단 7:1

벨사살 왕은 다니엘 5장에 등장합니다. 그러니까 7장의 꿈은 5장, 6장의 사건보다 훨씬 앞서 꾼 꿈입니다. 그동안 엄청난 사건들이 일어났습니다. 국가적으로는 손가락이 갑자기 나타나서 큰 연회장의 벽에 "메네 메네 데겔 우바르신"이라는 글자를 썼고, 그러자 그 밤에 벨사살 왕이 살해되었으며, 대 바벨론 제국이 멸망하는 소용돌이가 몰아쳤습니다.

개인적으로는 다니엘이 사자굴 속에 던져지는 끔찍한 사건도 경험했습니다. 그 기간이 꽤 길었기에 많은 세월이 흘렀습니다. 학자들은 이때 다니엘의 나이가 적어도 80은 되었을 것이라고 봅니다. 소년 다니엘이 어느새 이렇게 늙었습니다. 그럼에도 다니엘은 자신이 꾼 꿈, 환상에 대해서 일절 드러내지 않고 그동안 마음속에 고이 간직하고 있었습니다. 세월이 그렇게 흐르고 국가적, 개인적으로 엄청난 사건들이 일어나는 와중에도 그는 쉽게 입을 열지 않았습니다. 오히려 혼자서 심중에 담고 있었습니다.

나 다니엘이 중심에 근심하며 내 머리 속의 환상이 나를 번민하게 한 지라 그 말이 이에 그친지라 나 다니엘은 중심에 번민하였으며 내 얼굴빛이 변하였으나 내가 이 일을 마음에 간직하였느니라. 단 7:15, 28

그런 그가 이제 무척 조심스럽게 자신이 꾼 꿈과 환상에 대해 언급하고 있습니다. 이러한 태도는 느부갓네살의 태도와 확연히 비교됩니다. 느부갓네살은 꿈을 꾸었을 때 어떻게 했습니까?

다니엘 2장에 보면 느부갓네살이 한 꿈을 꾸었습니다. 그러자 다음날 즉시 박사와 술객, 점쟁이들을 다 모아서 그 꿈의 내용과 뜻을 알아내라고 닦달합니다. 그들이 시간을 좀 달라고 하자 "이놈들, 얕은 수작 떨지 마. 시간을 끌려고 그러지?" 하고 소리치면서 그들을 다 죽이라고까지 명령했습니다. 하지만 다니엘은 꿈을 꾼 후 쉽게 입을 열지 않았습니다. 나라가 망하고, 세워지고, 심지어 자신이 사자 굴속에 들어갈 때에도 그 꿈을 가슴에 품었습니다. 다니엘은 진중했습니다. 분명히 이 꿈 속에 하나님의 어떤 뜻이 숨겨져 있다고 생각했습니다(마 1:18-19).

그래서인지 느부갓네살(단 2장)과 다니엘이 꾼 꿈(단 7장)은 서로 깊은 연관을 가지고 있습니다. 느부갓네살은 머리가 금으로 된 큰 신상 꿈을 꾸었습니다. 반면에 다니엘은 네 짐승에 관한 꿈을 꾸었습니다.

금 신상은 앞으로 일어날 나라들을 상징적으로 묘사했습니다. 학자들은 네 짐승도 앞으로 나타날 나라에 대한 묘사라고 보고 있습니다.

이를테면 금 신상의 머리(단 2:36-38)와 첫 번째 짐승(단 7:4)은 바벨론 제국(주전 606-539), 은으로 된 팔과 가슴(단 2:39)과 두 번째 짐승(단 7:5)은 페르시아 제국(주전 539-33), 동으로 된 넓적다리(단 3:39)와 세 번째 짐승(단 7:6)은 헬라 제국(주전 330-150), 그리고 이어지는 철로 된 다리(단 2:40)와 네 번째 짐승(단 7:6)은 로마 제국(주전 150-주후 500)이라고 들 봅니다. 어느 정도 수긍은 됩니다. 하지만 문제가 없는 것은 아닙니다.

첫째, 로마 제국 이후의 역사는 왜 없을까요?

둘째, 이 열 뿔 달린 짐승(단 7:20)이 적그리스도를 상징한다는 데는 이의가 없습니다. 그러나 갑자기 왜 적그리스도인가에 대해 속 시원한 답을 주지 못합니다.

꿈을 빼앗아 가려는 세력

그렇다면 다니엘 7장의 핵심적 주제는 무엇일까요? 과연 이 짐승들이 세상에 나타날 제국을 상징할까요? 우리가 어디에 초점을 맞추어야 할까요?

다니엘 7장에 반복하여 연속적으로 등장하는 단어가 하나 있습니다. '보다'라는 단어입니다. 이 단어가 다니엘서 전체에 열여덟 번 등장하는데, 7장에는 무려 열 번이나 집중되어 있습니다(단 7:2, 4, 6, 7, 8, 9, 11, 13, 21). 이 단어는 꿈을 상징하는 단어입니다. 그렇습니다. 7장은 꿈이 주제입니다.

  그런데 그 꿈을 훼방하고 빼앗아 가려는 세력이 등장합니다. 바로 본문에 등장하는 짐승들입니다. 첫째 짐승인 독수리의 날개가 달린 사자 때문에, 둘째 짐승인 세 개의 갈빗대를 문 곰 때문에, 세 번째 짐승인 네 개의 머리를 가진 표범 때문에, 네 번째 짐승인 용처럼 생긴 무시무시한 열 뿔 달린 짐승 때문에 꿈이 깨어졌습니다. 특히 네 번째 짐승은 소름이 끼칠 정도였습니다.

> 내가 밤 환상 가운데에 그 다음에 본 넷째 짐승은 무섭고 놀라우며 또 매우 강하며 또 쇠로 된 큰 이가 있어서 먹고 부서뜨리고 그 나머지를 발로 밟았으며 이 짐승은 전의 모든 짐승과 다르고 또 열 뿔이 있더라.
> 단 7:7

  이 짐승에 대한 잔영이 사라지지 않았습니다. 그래서 다니엘은 이 네 번째 짐승에 대해 더 자세히 알기를 원했습니다.

> 이에 내가 넷째 짐승에 관하여 확실히 알고자 하였으니 곧 그것은 모든 짐승과 달라서 심히 무섭더라 그 이는 쇠요 그 발톱은 놋이니 먹고 부서뜨리고 나머지는 발로 밟았으며 내가 본즉 이 뿔이 성도들과 더불어 싸워 그들에게 이겼더니. 단 7:19, 21

그렇습니다. 이 짐승들은 성도들의 꿈을 깨버리는 존재들입니다. 역사가 시작된 이래로, 저 에덴동산에서부터 어둠의 세력들은 한결같이 한 목적으로 역사했습니다. 그 목적은 어떻게 하든지 우리가 꿈을 가지지 못하도록 하고, 가지고 있는 꿈조차도 산산조각 내는 것입니다. 물질과 질병, 젊음, 직장, 가정, 인간관계, 심지어 환경, 성격, 신앙까지 온갖 수단을 다 동원하여 꿈을 깨어 버립니다. 절망하고 낙심하게 만듭니다. 그래서 우리가 상처를 입고 실의에 빠져 주저앉게 만듭니다. 그런데 그 깨어진 꿈을 다시 회복해 주시려는 분이 등장합니다.

> 내가 보니 왕좌가 놓이고 옛적부터 항상 계신 이가 좌정하셨는데 그의 옷은 희기가 눈 같고 그의 머리털은 깨끗한 양의 털 같고 그의 보좌는 불꽃이요 그의 바퀴는 타오르는 불이며 불이 강처럼 흘러 그의 앞에서 나오며 그를 섬기는 자는 천천이요 그 앞에서 모셔 선 자는 만만이며 심판을 베푸는데 책들이 펴 놓였더라. 단 7:9-10

더 자세히 보니 그분 앞으로 인도되는 또 한 분이 계셨습니다.

> 내가 또 밤 환상 중에 보니 인자 같은 이가 하늘 구름을 타고 와서 옛적부터 항상 계신 이에게 나아가 그 앞으로 인도되매 그에게 권세와 영광과 나라를 주고 모든 백성과 나라들과 다른 언어를 말하는 모든 자들이 그를 섬기게 하였으니 그의 권세는 소멸되지 아니하는 영원한

권세요 그의 나라는 멸망하지 아니할 것이니라. 단 7:13-14

여기에 "인자 같은 이"가 "하늘 구름을 타고 와서"라고 했습니다. 그분은 누구이며 어디에서 왔을까요? 초림(初臨)을 의미할까요? 승천을, 아니면 재림(再臨)을 의미할까요?

이 말씀을 마치시고 그들이 보는데 올려져 가시니 구름이 그를 가리어 보이지 않게 하더라 올라가실 때에 제자들이 자세히 하늘을 쳐다보고 있는데 흰 옷 입은 두 사람이 그들 곁에 서서. 행 1:9-10

이것은 주님이 십자가를 지셨으나 죽음의 권세를 깨치고 부활 승천하실 것을 예언하는 말씀입니다. 그때부터 우리는 "지극히 높으신 이의 성도"라는 별칭으로 불리기도 합니다(단 7:18, 22, 25, 27). 이것은 깨어진 꿈이 회복된 사람들이란 뜻입니다.

꿈을 지키시는 하나님

주님이 왜 이 땅에 오셨을까요? 왜 십자가에 달려 죽으셨으며 부활하셨을까요? 성령을 보내신 이유가 무엇일까요? 오직 하나입니다. 깨어진 꿈을 회복하기 위해서입니다. 깨어진 꿈 때문에 힘들어하고 낙심하는 자들에게 꿈을 심어 주기 위해 성령께서 오셨습니다.

그 후에 내가 내 영을 만민에게 부어 주리니 너희 자녀들이 장래 일을 말할 것이며 너희 늙은이는 꿈을 꾸며 너희 젊은이는 이상을 볼 것이며 그 때에 내가 또 내 영을 남종과 여종에게 부어 줄 것이며. 욜 2:28-29

우리는 어떤 꿈을 가지고 있었습니까? 자신과 아내, 남편, 자녀들을 향하여 어떤 꿈을 가지고 있었습니까? 그런데 그 꿈이 지금 어떻게 되었습니까? 혹시 깨지거나 산산조각 나지는 않았습니까? 예레미야 18장에 보니 하나님께서 다 깨어져 산산조각이 난 토기들을 모아 자기 의견에 좋은 그릇들을 빚으면서 이렇게 말씀하십니다.

이스라엘 족속아 진흙이 토기장이의 손에 있음 같이 너희가 내 손에 있느니라. 렘 18:6

이제 우리는 누구입니까? 우리는 나를 위하여 십자가에 못 박히신 예수님으로 말미암아 '지극히 높으신 그분에게 속한 성도'가 되었습니다. 거룩한 백성이 되었습니다. 세상과 사탄의 권세가 아무리 크고 높아도 주님은 더 위대하고 높으십니다. 사탄이 아무리 우리를 욕하고, 정죄하고, 우리 과거의 죄와 연약함을 들추어내다 할지라도 우리는 이미 지극히 높으신 그분에게 속한 '성도'입니다.

하지만 우리는 여전히 이 세상에 있고, 사탄은 강하게 역사합니다. 사탄은 우는 사자같이 두루 다니며 삼킬 자를 찾고 있습니다. 그러나 두려워할 필요가 전혀 없습니다.

> 그가 장차 지극히 높으신 이를 말로 대적하며 또 지극히 높으신 이의 성도를 괴롭게 할 것이며 그가 또 때와 법을 고치고자 할 것이며 성도들은 그의 손에 붙인 바 되어 한 때와 두 때와 반 때를 지내리라. 단 7:25

"한 때와 두 때와 반 때를 지내리라"는 말씀은 무슨 뜻일까요?

첫째, 때를 주관하시는 분이 있습니다. 사탄이 아무리 역사하고, 온갖 술수와 방법을 다 동원하여 믿는 자를 넘어뜨리려 해도 영원히 지속되지 않습니다. 때와 기한은 하나님이 정하시는 것입니다. 사탄의 때는 특정 기간 동안만 발광(發狂)할 뿐입니다.

둘째, 한 때, 두 때, 그 다음에는 세 때가 나와야 정상입니다. 그런데 반(半) 때가 나왔습니다. 사탄이 하나님을 대적하고 하나님의 성도들을 핍박하고 법을 바꾸기까지 합니다. 그 세력이 참으로 무섭고 대단합니다. 하지만 한 때, 두 때, 그리고 반 때가 됩니다. 세 때로 올라가지 못하고 꺾어집니다. 구약성경에서 말하는 완성의 때는 일곱 때를 말하는데 그 절반인 세 때 반에서 꺾어집니다.

지극히 높으신 이의 승리입니다. 지극히 높으신 이의 성도인 우리의 승리입니다. 우리는 주님의 손 안에 있습니다. 비록 꿈이 산산조각 나 있을지라도 그 꿈을 멋있게 회복시켜 주실 것입니다. 이 믿음을 가지고 다니엘처럼 꿈을 가슴속에 깊이 간직한 채 기도의 골방에 들어가 기도하십시오. 그래서 깨어진 꿈을 회복하는 은혜를 맛보십시오.

다니엘이 이 조서에 왕의 도장이 찍힌 것을 알고도 자기 집에 돌아가서는 윗방에 올라가 예루살렘으로 향한 창문을 열고 전에 하던 대로 하루 세 번씩 무릎을 꿇고 기도하며 그의 하나님께 감사하였더라. 단 6:10

다니엘은 이 꿈을 꾸고 난 뒤에 그 꿈을 가슴에 고이 간직하고 하나님 전에 나아가 기도하고 감사했습니다. 그러자 다니엘의 빼앗긴 꿈, 깨어진 꿈이 회복되었습니다. 이 은혜는 기도의 무릎을 꿇기만 한다면 우리에게도 흘러넘칠 것입니다.

다니엘 8:1-8

17
나, 다니엘이다

우리는 다니엘입니다.
이 땅에서 다니엘로 살도록 지음을 받은 자들입니다.

중국의 연길에 다녀온 적이 있습니다. 연길 시는 두만강과 그리 멀지 않은 곳에 위치해 있습니다. 탈북자들을 돕다가 추방된 선교사가 10년 만에 다시 재입국해서 국수를 만들어 북한에 들여보내는 일을 시작한다기에 방문을 했습니다. 그곳에서 우선 두 가지를 살펴보기로 했습니다.

하나는 2012년 북한 선교의 현주소는 어떠하며, 실제로 국수를 만들어 북한에 들여보내는 일이 가능한지의 여부였습니다. 또 하나는 주된 탈북현장인 두만 강변의 현재 상황을 알아보는 것이었습니다.

도착하자마자 미리 연락을 받은 선교사들이 속속 모여들어 현황을 알려 주었습니다. 현재 중국 국적을 가진 사람들은 통행증만 있으면 얼마든지 북한에 들어갈 수 있었습니다. 그래서 그 중국인들을 통해 국수와 빵 같은 것들을 북한의 고아원과 양로원, 주민들에게 제공하는 것은 그렇게 어렵지 않은 프로젝트라고 했습니다. 조선족들이 돈벌이를 위해 한국으로 빠져나온 그 자리를 북한 외화벌이 팀들이 들어와 메우고 있어서, 그들에게 은밀히 접근하여 복음을 전하는 일도 진행되고 있었습니다.

미팅을 마치고 밤늦게 국수 공장과 정수기 가게, 빵집을 방문했습니다. 늦은 시간임에도 빵을 만들어 산더미처럼 쌓아 놓고 있었습니다. 다음날 새벽 일찍 두만강을 통해 북한에 들어갈 빵이었습니다.

이튿날 새벽 네 시에 일어났습니다. 날씨는 영하 20도였습니다. 북한으로 들어가는 루트를 직접 확인하기 위해 두만강으로 향했습니다. 용정과 화룡을 거쳐 달리니 함경북도 회령 시가 코앞에 나타났습니다. 저도 모르게 코끝이 찡했습니다. 이렇게 추운데 굴뚝에서 연기 나는 집을 찾을 수 없었습니다. 강을 왼쪽에 놓고 즉 강 하류에서 상류쪽, 백두산 기슭에 위치한 두만강 발원지까지 가보기로 했습니다. 강폭이 무척 좁았습니다. 그냥 개천이라고 해도 될 것 같았습니다. 워낙 탈북을 많이 하다 보니 중국 쪽에서 철조망을 쳤다고 합니다. 남평과 고덕, 석탄이 주 생산지라는 인구 10만 명의 무산 시가 나타났습니다. 탈북자들을 안전하게 피신시켜 주는 교회도 보였습니다.

발원지 쪽으로 향할수록 강폭은 점점 더 좁아졌습니다. 마음만 먹으면 얼마든지 오갈 수 있을 것 같았습니다. 중간 중간에 북한으로 들어가는 세관과 다리가 놓여 있었습니다. 그곳을 통해 국수와 빵 등을 가지고 들어간다고 합니다. 개마공원과 김일성 낚시터를 거쳐 백두산 기슭에 위치한 두만강 발원지를 향해 올라갔습니다.

눈이 엄청나게 많이 온 산길에는 인적도, 오가는 차량도 없었습니다. 하지만 안내자는 두만강 발원지까지는 가봐야 한다고 했습니다. 그러나 내린 폭설은 더 이상의 전진을 허락하지 않았습니다. 체인까지 끊어져 버렸습니다. 바로 옆에는 국경 철조망이었습니다. 언제 북한군이 나타날지 모르는 상황입니다. 세 시간 가까이 구조를 기다리다가 겨우 돌아올 수 있었습니다.

그리스도인의 정체성

그곳에서 한 칠십대 부부를 만났습니다. 작년까지만 해도 강화도에서 버섯재배를 하던 장로님 내외였는데 우연히 여행 중에 연길 시에서 한 시간 이상 떨어진 외진 곳에서 화재로 폐쇄된 학교를 보았답니다. 들어가 보니 국수 공장이 세워져 있었고, 북한으로 국수를 만들어 보내고 있으나 자금이 달려서 힘들어한다는 얘기를 들었다고 합니다. 부부는 남은 생애를 그곳에서 보내기로 작정하고, 강화도의 버섯재배 종균배양시설과 톱밥을 멸균시키는 큰 기계 등을 그곳으로 가져와 목이버섯을 재배했습니다. 그리고 그 수익금으로 북한에 국수와 빵을 들여보내는 자금을 지원하고 있었습니다.

하나님이 이 일을 위해 자신들을 쓰시길 원하신다는 뜨거운 마음을 주신 것입니다. 길도 없는 눈밭을 헤치며 장로님의 처소를 찾아갔습니다. 외진 산골에 오두막이 하나 서있었습니다. 오후 네 시면 캄캄해지는, 이야기를 나누거나 교제할 사람도, 문화적 혜택도, 심지어 교회도 없는 그곳에서 오직 자신들의 삶으로 하나님을 드러내는 그들의 모습을 보면서 '정체성', '크리스천의 정체성'이라는 단어가 자연스럽게 떠올랐습니다.

이름으로 말하는 정체성

정체성이란 그 사람의 존재 이유입니다. 이런 정체성은 이름을 통해 드러납니다. 특히 성경에서 이름은 곧 그 사람의 정체성이라고 해도 무방합니다. 성부, 성자, 성령께서는 이름을 통해 정체성을 알리십니다. 그래서 하나님은 아브람을 아브라함으로(창 17:5), 사래를 사라로(창 17:15)로 바꾸셨습니다. 정체성의 대 전환을 요구하신 것입니다.

여기 그 정체성이 뚜렷한 한 사람이 등장합니다. 다니엘입니다. '다니엘'이라는 이름에는 '하나님은 나의 심판자', 즉 하나님을 드러내는 삶을 살아가는 지라는 뜻이 담겨 있습니다. 다니엘의 부모는 아이를 낳자 다니엘이라고 불렀습니다. 하나님을 드러내는 삶을 살아가라는 소원을 담아 이런 이름을 지었을 것입니다.

그런데 다니엘이 나라가 망하는 현장에서 바벨론에 포로로 붙잡혀

갔습니다. 그러자 바벨론 제국은 제일 먼저 다니엘과 그 친구들의 이름을 바꾸어 버렸습니다. 정체성을 바꾸기 위해서였습니다. 다니엘은 벨드사살이라고 불렸습니다. 그 뜻은 앞서 설명한 바와 같이 '그대의 보호자, 벨'이라는 뜻으로, 하나님 대신 이방 신 벨을 보호자로 삼고 살아가라는 무언의 압력이요, 협박이며, 세뇌입니다(단 1:26, 4:19).

그런데 다니엘은 그런 거대한 정치, 권력의 압력, 회유, 세뇌 속에서도 어떻게 살았습니까? 본문을 보십시오. 1절은 이렇게 시작합니다.

> 나 다니엘에게 처음에 나타난 환상 후 벨사살 왕 제삼년에 다시 한 환상이 나타나니라. 단 8:1

그냥 다니엘도 아니라 나, 다니엘입니다. 자신의 이름 앞에 '나'라는 대명사를 넣어 강조하고 있습니다. 분명 의도적으로 자신의 이름을 강조하는 것입니다. 눈여겨보면 8장에서 세 번이나 자기 이름을 강조하여 반복하고 있습니다(단 8:15, 27). 왕이, 환관장이, 주변의 사람들이 모두 그를 벨드사살이라 부릅니다. 그런데 자신은 벨드사살이 아니라 다니엘이라고 합니다. 그것도 강조하여 '나, 다니엘이다'라는 것입니다. 당시 다니엘이 처한 상황을 좀 더 구체적으로 살펴봅시다. 다니엘 8장은 이렇게 시작합니다.

> 나 다니엘에게 처음에 나타난 환상 후 벨사살 왕 제삼년에 다시 한 환

상이 나타나니라. 단 8:1

    7장의 환상은 벨사살 원년에 일어났습니다. 그러니까 8장의 환상은 그로부터 2년 후에 나타난 환상입니다. 7장도 네 짐승을 통해 바벨론 이후의 세계 역사를 보여 주고 있습니다. 8장 역시 등장하는 짐승들을 통해 앞으로 나타날 역사를 보여 주고 있습니다. 7, 8장의 두 환상은 서로 비슷한 성격이라고 할 수 있습니다. 그런데 왜 8장의 환상을 다시 보여 주는 것일까요?
    이미 확인한 대로 다니엘 7장은 아람어로 기록되었습니다. 당시 아람어는 오늘날의 영어처럼 세계 공용어였습니다. 그런데 8장부터는 히브리어로 기록되어 있습니다. 히브리어는 이스라엘 소수민족만 사용하던 언어였습니다. 이스라엘 민족에게 더 익숙하고, 그래서 쉽게 이해할 수 있는 히브리어로 기록된 이유가 분명 있을 것입니다. 7장이 보편적 인류역사를 다루고 있다면, 8장은 이스라엘 민족과 관련된 주변 역사를 다루고 있기 때문입니다.

다니엘의 환상 속에 나타난 적그리스도

    그래서 8장부터는 이스라엘 백성에게 특별히 주시는 계시의 말씀이며 그래서 히브리어로 기록하게 하신 것입니다. 그렇다면 이 계시는 오늘 하나님의 자녀 된 우리에게 주시는 교훈이요 깨우침이나 마찬가지입니다. 그 내용을 구체적으로 살펴보겠습니다.

> 내가 눈을 들어 본즉 강 가에 두 뿔 가진 숫양이 섰는데 그 두 뿔이 다 길었으며 그 중 한 뿔은 다른 뿔보다 길었고 그 긴 것은 나중에 난 것이더라. 단 8:3

그가 본 환상의 내용은 대략 이러합니다. 숫양 한 마리가 강가에 서 있었는데, 그 숫양에게는 긴 뿔이 둘 있었습니다. 그런데 갑자기 숫염소 한 마리가 서쪽에서 올라와서는 숫양에게 달려들었습니다(단 8:6). 숫양은 땅에 던져지고 짓밟혔습니다(단 8:7). 이 숫염소가 매우 강해지고 힘이 세졌을 때 그 큰 뿔이 부러지고, 그 자리에 뚜렷하게 보이는 뿔 넷이 하늘 사방으로 뻗으면서 돋아났습니다(단 8:8).

다니엘은 이 기이한 환상이 무엇을 뜻하는지 알고 싶었습니다(단 8:15). 그때 천사 가브리엘이 나타나 그가 본 환상을 설명해 줍니다(단 8:16).

두 뿔 가진 숫양은 메대와 바사를 뜻합니다(단 8:20). 그 숫양을 제압한 숫염소는 헬라 제국입니다(단 8:21). 그런데 그 헬라 제국도 망하고, 네 나라가 다시 일어날 것이라고 합니다. 그 중에 특히 네 번째 뿔, 즉 네 번째 나라의 왕은 그 얼굴이 뻔뻔하며 속임수에 능할 것이라고 합니다(단 8:23). 가브리엘은 네 번째 뿔에 대해 더 긴 설명을 이어갑니다(단 8:24-25).

> 그가 꾀를 베풀어 제 손으로 속임수를 행하고 마음에 스스로 큰 체하며 또 평화로운 때에 많은 무리를 멸하며 또 스스로 서서 만왕의 왕을 대적할 것이나 그가 사람의 손으로 말미암지 아니하고 깨지리라. 단 8:25

이 네 번째 뿔, 즉 네 번째 왕은 적그리스도요, 사탄의 하수인을 상징한다는 데 이의를 다는 자가 없습니다. 즉 역사상 나타났던, 그리고 앞으로 나타날 하나님을 대적하는 자, 그리스도를 박해하는 자를 뜻하기에 로마의 네로 황제나 히틀러, 더 나아가 이북의 김일성, 김정일, 김정은을 의미할 수 있습니다. 하지만 그들의 종말은 어떠합니까?

> 그가 사람의 손으로 말미암지 아니하고 깨지리라. 단 8:25

하나님을 대적하는 자는 하나님이 처리하십니다. 하나님이 심판자이십니다. 종말의 날에 세상만사는 다 결산됩니다. 세상의 권세도, 나라도, 개인도, 하나님의 백성도 하나님의 심판대 앞에 섭니다. 무시무시하고 거대한 바벨론 제국, 메대와 파사 제국, 헬라 제국도, 그 뒤를 이어갈 로마 제국도 다 하나님의 심판대 아래 있습니다. 그 제국들을 다스리며 스스로 신의 경지에서 교만하게 행하던 자들도 '메네 메네 데겔 우바르신', 즉 하나님이 세고 계십니다. 저울에 달고 계십니다. 그리고 부수어 버리실 것입니다.

이기게 하시는 하나님

그렇다면 하나님의 자녀인 우리는 어떻게 살아야 할까요? 언제 어디서나 자신의 정체성을 분명히 하고, 하나님을 드러내는 삶을 살아야 합니다. 그 어떤 압력이나 회유, 세뇌, 협박, 유혹에도 굴하지 않고 당당하게 "나, 다니엘이다" 하는 심정으로 살아야 합니다. 좀 더 당당하고 기백 있게 고개를 들고, 주눅 들지 말고 살아야 합니다. 적에게 등을 보이지 말아야 합니다.

한 동네에 4.5와 5가 살고 있었습니다. 4.5는 항상 5앞에서 주눅이 들었습니다. 왜냐하면 그 놈의 점 때문에 5보다 0.5가 모자랐기 때문입니다. 그래서 5가 시키는 대로 해야 했습니다. 그러던 어느 날, 5는 여느 때처럼 4.5에게 이것저것을 부당하게 시켰는데 그날따라 4.5가 당당하게 맞서며 거절했습니다. "너는 손이 없니 발이 없니, 네가 하면 되잖아. 왜 그런 일을 나에게 시켜!" 순간 5는 화가 머리끝까지 치밀어 손을 들어 내리치려 하며, "야, 너 미쳤니, 정신이 돌았니?" 하고 따졌습니다. 그러자 4.5가 고개를 들고 "그래, 나 점 뺐걸랑" 하고 맞받아쳤습니다. 자세히 보니, 아니나 다를까 점을 뺀 4.5가 갑자기 45가 되어 버린 것입니다. 45는 5의 아홉 배입니다!

우리는 모두 전에 4.5였습니다. 곳곳에 점이 박혀 있었습니다. 그래서 항상 사탄 앞에서 맥을 못 추었습니다. "야, 이 자식. 너 그때 그렇게 했잖아!" 하고 따지면 할 말이 없었습니다. 그래서 시키는 대로 할 수밖에 없었습니다. 그런데 우리 주님께서 십자가에 못 박혀 돌아가시는 순간, 내 안에 있는 검은 점을 다 빼주셨습니다.

> 그러므로 이제 그리스도 예수 안에 있는 자에게는 결코 정죄함이 없나니 이는 그리스도 예수 안에 있는 생명의 성령의 법이 죄와 사망의 법에서 너를 해방하였음이라. 롬 8:1-2

> 누가 능히 하나님께서 택하신 자들을 고발하리요 의롭다 하신 이는 하나님이시니 누가 정죄하리요 죽으실 뿐 아니라 다시 살아나신 이는 그리스도 예수시니 그는 하나님 우편에 계신 자요 우리를 위하여 간구하시는 자시니라 누가 우리를 그리스도의 사랑에서 끊으리요 환난이나 곤고나 박해나 기근이나 적신이나 위험이나 칼이랴. 롬 8:33-35

> 내가 확신하노니 사망이나 생명이나 천사들이나 권세자들이나 현재 일이나 장래 일이나 능력이나 높음이나 깊음이나 다른 어떤 피조물이라도 우리를 우리 주 그리스도 예수 안에 있는 하나님의 사랑에서 끊을 수 없으리라. 롬 8:38-39

이제 우리는 4.5기 아니라 45입니다. 사탄보다 아홉 배나 강한 존재가 되었습니다. 그러므로 당당해야 합니다. "나, 다니엘이다", "나, 성도다", "나, 크리스천이다", "나, 그리스도의 신부다", "나, 하나님의 자녀다", "나, 천국백성이다" 하고 말할 수 있어야 합니다.

짧은 기간이었지만 연길에서, 그리고 두만강변에서 이런 사람들을 많이 만났습니다. 그들은 흑암의 세력의 상징이 되어 버린, 하나님을 무시하고 하나님이 앉으셔야 할 자리에 앉아 경배를 강요하는 이북의 권력자들의 종말이 얼마 남지 않았다는 것을 직시하면서 당당하게 살고 있었습니다. 그들은 다니엘이었습니다. 하나냐와 미사엘과 아사랴였습니다. 하나님을 드러내는 삶을 사는 자들이었습니다.

하나님은 살아 계십니다. 오늘도 "메네 메네 데겔" 하십니다. 본능적으로 두려움을 느낀 김정은은 장갑차 100여 대를 동원해 신변보호에 들어갔다고 합니다. 그러나 그게 그의 생명을 지켜 줄까요?

사탄은 오만하며 흉계에 능숙하며 힘도 있습니다. 사탄은 평화를 파괴하며 거룩한 백성을 죄짓게 하며, 박해하고 하나님을 대적합니다. 매사에 속이는 데 능숙하며 마음이 방자합니다. 하지만 하나님은 어둠의 세력을 언제까지나 방치하지 않으십니다(계 21:8). 그들의 패배는 이미 정해져 있습니다(살후 2:8; 계 19:19-20). 우리는 이미 이긴 싸움을 하고 있습니다. 그러므로 언제나 당당해야 합니다. 뒷모습을 보이지 말아야 합니다. 에베소서 6장에 등장하는 영적 군사의 무장을 보면, 등 뒤쪽은 전혀 무장을 하지 않습니다. 뒤를 보이지 말라는 뜻입니다.

마귀를 대적하라 그리하면 너희를 피하리라. 약 4:7

작은 예수로 사는 사람들

"나, 다니엘이다" 하고 살아가는 사람을 하나님께서 어떻게 대우하시는지 17절을 보십시오.

> 그가 내가 선 곳으로 나왔는데 그가 나올 때에 내가 두려워서 얼굴을 땅에 대고 엎드리매 그가 내게 이르되 인자야 깨달아 알라 이 환상은 정한 때 끝에 관한 것이니라. 단 8:17

자신의 정체성을 분명히 하고, 자신을 향하여 '나, 다니엘'을 수없이 외쳤던 그를 향해 하나님이 "인자야" 하고 부르십니다. 이 '인자'라는 이름은 누구에게 붙여진 이름일까요?

> 내가 또 밤 환상 중에 보니 인자 같은 이가 하늘 구름을 타고 와서 옛적부터 항상 계신 이에게 나아가 그 앞으로 인도되매. 단 7:13

'인자'라는 이름은 예수님에게 붙여진 이름입니다. 하나님이 다니엘에게 예수님이란 이름을 주십니다. '작은 예수'라는 뜻입니다. 예수님을 닮은 사람이라는 것입니다. 다니엘의 삶을 인정하고, 기억하고, 상급을 예비해 놓고 계셨습니다.

인자로 오신 예수님은 십자가에 죽으셨으나, 하나님께서는 삼 일 만에 살려 주시고, 승천하게 해주셨습니다. 하나님께서 예수님의 삶을 책임져 주셨습니다. 우리가 인자로 살아갈 때, 하나님을 드러내는 삶을 살아갈 때 풀무불과 사자굴 속에서도 우리를 건져 주십니다.

세상은 우리를 향하여 벨드사살이 되어야 한다고, 벨드사살로 살아야 출세하고, 안전하게 살 수 있다고 압력을 넣습니다. 하지만 우리는 다니엘입니다. 이 땅에서 다니엘로 살도록 지음을 받은 자들입니다. 그러므로 세상이 아무리 우리를 벨드사살이라 불러도 우리는 "나, 다니엘이다"라고 외치며 살아야 합니다. 바울도 그렇게 살았습니다(고전 16:21; 살전 2:18; 살후 3:17; 골 4:18; 몬 1:9).

우리는 점을 뺀 하나님의 자녀요, 성도요 그분의 백성입니다.

다니엘 9:1-10

18
삶이 답답할 때

다니엘은 답답할 때 말씀을 찾았고, 그 말씀에서 답을 찾고, 길을 찾았습니다.
하나님의 말씀 가까이 나아가면 내가 무엇을 해야 할지 하나님께서 답을 주십니다.

우리는 살면서 답답함을 느낄 때가 많습니다. 생각대로 되지 않을 때, 또는 남들이 내 생각을 알아 주지 않을 때, 무엇이 필요한데 그것을 손에 넣지 못할 때 등 답답한 일이 한두 가지가 아닙니다. 사람들은 요즘처럼 살기 힘들 때가 없었다고 말들 합니다. 그럴 때 우리는 어떻게 해야 할까요?

다니엘 9장에 보면, 다니엘도 이제까지와 다른 환상을 봤고 그 환상 때문에 무척 답답했을 것입니다.

예수님 당시 유대인들은 바리새파와 사두개파, 헤롯당, 엣세네파로 나뉘어 있었습니다. 오늘날의 정당과 유사합니다. 바리새파는 당시 기득권층이요, 극단적 분리주의자들입니다. 사두개파는 부활을 믿지 않는 것을 주된 정책으로 삼았습니다. 헤롯당은 극단적 행동파들입니다. 엣세네파는 은둔주의자들입니다. 예수님은 이 네 개의 입장 가운데서 어느 쪽도 지지하지 않으셨습니다. 예수님은 이렇게 말씀하셨습니다.

> 오직 너희 말은 옳다 옳다, 아니라 아니라 하라 이에서 지나는 것은 악으로부터 나느니라. 마 5:37

어떤 사안에 참여하여 분명하게 자신의 뜻을 밝히라는 뜻입니다. 다만 여기에서 도를 넘는 것은 경계해야 합니다. 그것은 악에서 나는 것이기 때문입니다. 크리스천으로서 우리는 지연과 혈연, 세대를 뛰어넘어 내 안에 역사하시는 성령의 인도하심을 따라야 합니다.
바벨론에 포로로 잡혀간 다니엘은 이름도 바꿔야 했습니다. 하지만 다니엘은 결단코 하나님이 주신 이름을 버리지 않았습니다.

뜻을 알 수 없는 다니엘의 환상

다니엘 6장까지는 이야기 형태로 진행됩니다. 그래서 어느 정도 이해가 가능하고 주제를 잡아 설교하기에도 용이합니다. 하지만 7장부터는 완전히 장르가 바뀝니다. 꿈의 환상이 주를 이룹니다. 한결같이 다음 세대, 즉 장차 될 일들이 이상(理想) 중에 나타납니다. 내용도 난해합니다. 남이 꾼 꿈과 환상까지도 거침없이 해석하고 설명해 주던 다니엘도 꿈에 나타난 이상이 도대체 무엇인지 알 수 없어 근심했습니다. 번민하며 이를 알고자 애를 쓰며 끙끙댈 정도였습니다(단 7:15, 8:15). 심지어 이런 표현까지 등장합니다.

> 이에 나 다니엘이 지쳐서 여러 날 앓다가 일어나서 왕의 일을 보았느니라 내가 그 환상으로 말미암아 놀랐고 그 뜻을 깨닫는 사람도 없었느니라. 단 8:27

다니엘이 본 환상은 과연 무엇이었을까요? 그래도 7장과 8장은 9장에 비하면 약과입니다. 9장에 나타난 환상은 얼마나 기이했는지 모릅니다. 9장 전체를 살펴보면 1-2절, 3-19절, 그리고 20-27절까지로 단락이 구분되는데 아무리 살펴보아도 다니엘이 본 환상이 어떤 것인지 일절 언급되지 않습니다. 그렇다면 9장에서는 다니엘이 환상을 보지 않았다는 말일까요? 그렇지 않습니다.

> 곧 네가 기도를 시작할 즈음에 명령이 내렸으므로 이제 네게 알리러 왔노라 너는 크게 은총을 입은 자라 그런즉 너는 이 일을 생각하고 그 환상을 깨달을지니라. 단 9:23

"그 환상"이란 어떤 환상일까요? 앞부분에 나타난 환상을 가리키는 것일까요? 아닙니다. 8장의 숫양, 숫염소, 네 뿔의 환상이 무엇인지 다니엘은 가브리엘 천사를 통해 이미 다 깨달았습니다(단 8:15-26). 그러므로 9장 23절의 '그 환상'은 8장과는 전혀 다른 또 하나의 환상입니다.

다니엘이 본 환상은 언급되지 않습니다. 하지만 천사 가브리엘을 통해서, '아, 다니엘이 또 다른 환상, 기이한 환상을 하나 보았구나!'라고 짐작할 수 있습니다. 다만 설명이 없을 뿐입니다. 그렇다면 다니엘이 9장에서 보았던 '그 환상'은 과연 어떤 환상이었을까요?

다니엘이 본 환상 속의 암호들

9장 23절, "너는 이 일을 생각하고 그 환상을 깨달을지니라"는 말씀 다음을 주목할 필요가 있습니다. "일흔 이레"(24절), "일곱 이레", "예순 두 이레"(25절), "한 이레", "그 이레의 절반"(27절)이라는 숫자들이 연속적으로 등장합니다.

우리는 여기서 9장의 그 환상이 마치 암호와 같은 여러 숫자들의 조합임을 짐작할 수 있습니다. 도대체 이 숫자들이 무엇을 의미할까요? 참으로 난해합니다. 그래서 분명 다니엘은 쉽게 입을 열지 않고 침묵한 것입니다. 너무 난해하기에 아예 어떤 환상인지 구체적으로 기술하려고 하지도 않습니다. 바로 그 이유 때문에 9장을 놓고 여러 가지 학설과 해석이 넘쳐납니다.

우선 9장에 대해 의견이 일치되는 부분부터 살펴봅시다. 그것은 이 숫자들이 장차 나타날 이스라엘의 종말, 더 나아가 앞으로 있을 세상의 종말과 깊은 연관을 가진다는 것입니다. 이 부분에 대해서는 전혀 이견이 없습니다. 하지만 각론으로 들어가 구체적으로 이 숫자들이 의미하는 바와 이 숫자들을 문자적으로 보는 것에 대해서는 첨예하게 대립하고 있습니다. 간단히 한두 학설만 소개하고 넘어가겠습니다. 우리가 이 숫자에 얽매여 얼굴을 붉힐 필요가 없기 때문입니다.

첫째, 이 숫자들을 철저히 문자적으로 보려했던 학자들의 주장입니다. 그 중에 대표적인 학자가 아처와 영입니다. 그들은 24절을 이렇게 해석합니다.

> 네 백성과 네 거룩한 성을 위하여 일흔 이레를 기한으로 정하였나니 허물이 그치며 죄가 끝나며 죄악이 용서되며 영원한 의가 드러나며 환상과 예언이 응하며 또 지극히 거룩한 이가 기름 부음을 받으리라.
>
> 단 9:24

여기 언급된 일곱 가지 일들이 '일흔 이레'의 기한이 되면 일어나는데, 그 '일흔 이레'가 언제란 말일까요? 아처는 '일흔 이레'를 70 곱하기 7로 490년으로 계산합니다. 아처는 24절의 예언이 아닥사스다 왕(주전 457년)으로부터 시작해 그 후 490년인 주후 27년, 바로 예수님께서 메시아로 공적인 사역을 시작한 바로 그때를 예언한다고 주장합니다. 그래서 24절은 메시아가 공생애를 시작할 때를 '일흔 이레'라고 예언한다고 보았습니다.

반면에 영은 고레스 왕(주전 538년)의 출현으로부터 490년을 계산하여 예수님의 출생과 연관시킵니다. '일흔 이레'는 예수님의 출생을 예언하는 것이라고 주장합니다. 그리고 9장 26절의 말씀에 대해서는 이렇게 해석합니다.

> 예순두 이레 후에 기름 부음을 받은 자가 끊어져 없어질 것이며 장차 한 왕의 백성이 와서 그 성읍과 성소를 무너뜨리려니와 그의 마지막은 홍수에 휩쓸림 같을 것이며 또 끝까지 전쟁이 있으리니 황폐할 것이 작정되었느니라. 단 9:26

"기름 부음을 받은 자가 끊어져 없어질 것이다"라는 말씀은 '예순두 이레', 62 곱하기 7, 즉 434년이 지난 후 일어난 십자가 사건을 예언한다고 주장합니다. 아처는 여기 등장하는 '한 왕'을 주후 70년에 예루살렘 성전을 파괴한 디토로 보면 틀림없다고 주장합니다. 이 숫자들이 메시아 예수님과 깊은 관련이 있다는 주장입니다. 언뜻 보면 일리가 있습니다.

하지만 한편에서는 이런 문자적 해석에 대한 반론도 만만찮습니다. 이런 해석이 전혀 불가능한 것은 아니지만 너무 작위적이고 억지라는 것입니다. 그러면서 여기에 언급된 숫자들은 상징적으로 이해해야 한다고 합니다. 소위 상징적 해석자들입니다. 대표적인 학자가 볼드윈입니다. 그는 24절을 놓고 이렇게 주장합니다. "24절을 보라. 일곱 가지, 이게 지금 완벽히 다 이루어졌는가? 예수님의 초림을 통해 부분적으로 성취되었을 뿐이다. 그러므로 24절은 예수님의 재림까지 고려되어야 할 내용이다. 때문에 문자적 해석, 즉 숫자에 너무 얽매여서는 안 된다. 텔레스코핑(telescoping) 관점에서 본문을 보아야 한다."

여러분은 어느 입장이 더 마음에 와 닿습니까? 문자적 해석입니까, 아니면 상징적 해석입니까?

점쟁이 대신 주님을 찾은 다니엘

분명한 것은 9장의 환상이 이렇게 난해했다는 것입니다. 마치 2장에서 느부갓네살이 분명 꿈을 꾸었는데 자고 나니 어떤 꿈을 꾸었는지 모를 정도로 꿈을 잊어버렸던 것처럼, 다니엘도 깨자마자 기억조차 나지 않는 환상이었습니다. 암호 같은 숫자들이 나열되는, 그래서 그만큼 풀기 힘든 신비로운 환상이었습니다. 분명히 내 앞에, 이 민족 앞에 나타날 일에 대한 환상인데, 구체적으로 무엇인지 알 수 없습니다. 그래서 답답하기 그지없습니다. 이렇게 답답했을 때 다니엘은 어떤 태도를 취합니까? 그리고 그 결과는 어떻게 나타났을까요?

메대 족속 아하수에로의 아들 다리오가 갈대아 나라 왕으로 세움을 받던 첫 해 곧 그의 통치 원년에 나 다니엘이 책을 통해 여호와께서 말씀으로 선지자 예레미야에게 알려 주신 그 연수를 깨달았나니 곧 예루살렘의 황폐함이 칠십 년만에 그치리라 하신 것이니라. 단 9:1-2

이때가 다니엘이 '그 환상'(23절)을 보고 난 뒤입니다. 다니엘은 환상을 보았지만 도무지 그 의미를 알 수가 없었습니다. 답답한 다니엘이 그때 제일 먼저 하나님의 말씀을 가까이 합니다.

느부갓네살은 꿈을 꾸고 답답했을 때 사람을 찾았습니다. 박수와 술객들을 찾아 환상을 알려 했습니다(단 2:2). 하지만 다니엘은 하나님의 말씀을 찾아 그 말씀을 펼쳤습니다. 그때 놀라운 일이 벌어졌습니다. 예레미야 29장 10절의 말씀이 눈에 들어왔습니다.

여호와께서 이와 같이 말씀하시니라 바벨론에서 칠십 년이 차면 내가 너희를 돌보고 나의 선한 말을 너희에게 성취하여 너희를 이 곳으로 돌아오게 하리라. 렘 29:10

다니엘의 환상에 나타난 '칠십 이레', '일곱 이레'의 의미를 알기 위해서 다니엘은 제일 먼저 성경을 펼쳤습니다. 그 때 주께서 '칠십'이라는 숫자를 분명하고 똑똑하게 알려 주십니다. 그는 예레미야 25장 11절 이하의 말씀도 분명 읽었을 것입니다.

이 모든 땅이 폐허가 되어 놀랄 일이 될 것이며 이 민족들은 칠십 년 동안 바벨론의 왕을 섬기리라. 렘 25:11

다니엘은 이상 중에 나타난 숫자들이 의미하는 바를 알고자 했습니다. 이런 다니엘에게 하나님이 깨달음을 주셨습니다. "지금 이 바벨론 포로생활은 모두 칠십 년이다. 하나님께서 기간을 정해 놓으셨다. 이 예언은 분명 이루어질 것이다. 이스라엘의 회복이 틀림없이 나타날 것이다." 하나님은 "먼 훗날 될 일을 너무 신경 쓰지 말고, 지금 취한 현실 앞에 나타날 일들이 어떠한지 알라"고 하시며 '칠십 년'을 가르쳐 주신 것입니다(행 1:6-7).

이 묵시는 정한 때가 있나니 그 종말이 속히 이르겠고 결코 거짓되지 아니하리라 비록 더딜지라도 기다리라 지체되지 않고 반드시 응하리라. 합 2:3

다니엘이 답답한 마음으로 주께 나아가 말씀을 통해 깨닫고, 확신을 가졌습니다. 답답합니까? 앞으로 무슨 일이 생기고 어떤 일이 나타날지 궁금합니까? 그렇다면 말씀을 가까이하십시오. 하나님께서 답답한 마음으로 하나님 앞에 나아와 말씀을 가까이 하는 자에게 해답을 주십니다.

주의 말씀은 내 발에 등이요 내 길에 빛이니이다. 시 119:105

교회에서 실시하는 제자반의 방학을 맞아 잠언을 읽는 숙제를 냈습니다. 잠언이 31장으로 구성되어 있으니 날짜별로 읽어 보라고 했습니다. 오늘이 10일이면 10장, 16일이면 16장을 읽고, 그 중에 마음에 와 닿는 구절 다섯 절을 정성스럽게 필사(筆寫)하는 것이 숙제입니다. 방학이 길어 몇 번 읽을 수 있습니다. 그때 또 와 닿는 부분을 필사해 보라고 했습니다. 그렇게 하면 하나님의 음성을 듣게 될 것입니다.

그의 아들을 이방에 전하기 위하여 그를 내 속에 나타내시기를 기뻐하셨을 때에 내가 곧 혈육과 의논하지 아니하고 또 나보다 먼저 사도 된 자들을 만나려고 예루살렘으로 가지 아니하고 아라비아로 갔다가 다시 다메섹으로 돌아갔노라. 갈 1:16-17

다니엘은 답답할 때 사람을 찾지 않았습니다. 점쟁이를 찾거나 굿판을 벌이지도 않았습니다. 하나님의 말씀을 찾아 가까이했습니다. 그때 하나님의 뜻이 나타났습니다. '칠십'이라는 숫자를 받은 다니엘이 다시 어디로 나아갑니까? 무엇을 가까이 합니까? 다니엘 9장 3절부터 쭉 이어지는 내용을 보십시오.

내가 금식하며 베옷을 입고 재를 덮어쓰고 주 하나님께 기도하며 간구하기를 결심하고 내 하나님 여호와께 기도하며 자복하여 이르기를 크시고 두려워할 주 하나님, 주를 사랑하고 주의 계명을 지키는 자를 위하여 언약을 지키시고 그에게 인자를 베푸시는 이시여. 단 9:3-4

기도로 답을 구하는 다니엘

다니엘의 기도는 구체적입니다. 철저하고, 절절하고, 반복적입니다. 혼신의 힘을 쏟는 기도입니다. 그는 "주여 우리가 범죄하였나이다"를 반복하고 있습니다. 다니엘의 기도는 하늘 보좌를 흔들고 있습니다.

주여 수치가 우리에게 돌아오고 우리의 왕들과 우리의 고관과 조상들에게 돌아온 것은 우리가 주께 범죄하였음이니이다마는 주 우리 하나님께는 긍휼과 용서하심이 있사오니 이는 우리가 주께 패역하였음이오며. 단 9:8-9

다니엘의 기도는 갈수록 울림이 커집니다.

나의 하나님이여 귀를 기울여 들으시며 눈을 떠서 우리의 황폐한 상황과 주의 이름으로 일컫는 성을 보옵소서 우리가 주 앞에 간구하옵는 것은 우리의 공의를 의지하여 하는 것이 아니요 주의 큰 긍휼을 의지하여 함이니이다. 단 9:18

다니엘의 기도는 이렇게 마무리 됩니다.

> 주여 들으소서 주여 용서하소서 주여 귀를 기울이시고 행하소서 지체하지 마옵소서 나의 하나님이여 주 자신을 위하여 하시옵소서 이는 주의 성과 주의 백성이 주의 이름으로 일컫는 바 됨이니이다. 단 9:19

회개의 기도 하면, 시편 51편이 떠오릅니다. 그 기도는 절절한 기도임이 틀림없지만 다윗이 큰 죄를 범했을 때, 그래서 나단 선지자를 통해 지적 받았을 때에야 비로소 드렸던 기도입니다. 다니엘에게서는 특별히 죄를 지은 흔적을 발견할 수 없습니다. 누가 나타나서 기도하라고 권면하지도 않았습니다. 그럼에도 다니엘은 자원하여 기도의 골방을 찾았고, 간절한 마음으로 기도했습니다. 이렇게 다니엘이 말씀과 기도의 무릎으로 나아갔을 때 어떤 일이 일어났을까요?

> 내가 이같이 말하여 기도하며 내 죄와 내 백성 이스라엘의 죄를 자복하고 내 하나님의 거룩한 산을 위하여 내 하나님 여호와 앞에 간구할 때. 단 9:20

간구할 때(단 9:20), 기도할 때(단 9:21), 기도를 시작할 즈음에(단 9:23) 바로 그때 가브리엘이 '빨리 날아서', '명령을 받들어' 다니엘에게 나타났습니다. 하나님이 보내신 것입니다. 그리고 다니엘이 본 환상을 깨닫게 해주셨습니다. 그래서 다니엘은 담대하게 하나님의 뜻을 찾으며 나아갈 수 있었습니다.

다니엘은 답답할 때 말씀을 찾았고, 그 말씀에서 답을 찾고, 길을 찾았습니다. 여러분이 처한 상황은 어떠합니까? 답답합니까? 불안합니까? 장래가 불투명합니까? 마음이 어수선하고, 무엇을 어떻게 해야 할지 알 수 없습니까? 무언가가 짓누르는 느낌입니까? 그때 무엇을 해야 할까요? 어느 방향으로 나아가야 할까요?

그 무엇보다 먼저 말씀을 가까이하십시오. 말씀 앞으로 나아오십시오. 하나님의 말씀 가까이 나아가면 내가 무엇을 해야 할지 하나님께서 답을 주십니다. 말씀해 주시고, 가르쳐 주십니다. 그리고 그 말씀에 의지하여 기도하십시오. 엎드리십시오. 죄를 철저히 자복하십시오. 하나님께서 그런 자에게 긍휼과 자비를 베풀어 주십니다. 기도할 즈음에, 기도를 시작할 때에, 기도하는 그 순간 하나님께서 우리에게 답을 주십니다.

구하는 자에게 응답하시는 하나님

말씀을 기까이 하는 것, 기도를 하기 위해 골방을 찾는 것, 그것이 곧 하나님을 가까이하는 것입니다. 하나님은 이런 자를 결코 외면하지 않으십니다. 다가오십니다. 밝히 알려 주십니다. 심지어 천사들까지 동원하셔서 도와주시고, 깨닫게 해주실 것입니다.

이제 우리가 해야 할 것은 두 가지입니다. 하나님의 말씀을 펴는 것입니다. 그리고 하나님 앞에 나아와 엎드려 기도하는 것입니다. 이런 자에게 하나님께서 길을 보여 주십니다. 이것이 다니엘 9장이 우리에게 전하려는 메시지의 핵심입니다. 엉뚱한 숫자에 얽매이지 말고, "답답할 때는 하나님의 말씀을 펴라. 답답할 때는 하나님 앞에 나아와 엎드려라. 하나님께서 말씀을 통해 답을 주실 것이요, 기도할 때에 하나님께서 천사를 보내셔서 그에게 응답을 주실 것이다"라는 믿음을 가지십시오.

하나님을 가까이 하라 그리하면 너희를 가까이 하시리라. 약 4:8

하나님께 가까이 함이 내게 복이라 내가 주 여호와를 나의 피난처로 삼아 주의 모든 행적을 전파하리이다. 시 73:28

다니엘 10:1-9

19
다니엘, 메시아를 만나다

주께서 다니엘의 상처와 약함, 허물과 죄를 사해 주시고 어루만져 주셨습니다.
다니엘을 쓰러진 자리에서 일으켜 세워 주셨습니다.
그에게 새 힘을 주사 강건하게 하셨습니다.

2012년 12월 21일, 전 세계가 긴장과 떠들썩함으로 하루를 보냈습니다. 소위 '2012년 12월 21일 지구 멸망론' 때문입니다. 이 지구 멸망론의 근거는 고대 마야인들이 남긴 마야 달력에 있었습니다. 이 달력의 주기가 끝나는 날 지구가 종말을 맞게 되는데, 이 달력은 주전 3114년 8월 13일에 시작해 13번째 '박툰'(Baktuns, 394년 주기)인 2012년 12월 21일에 끝나기 때문에, 바로 이 날이 지구의 종말이라는 것입니다. 이 종말론은 선진국과 후진국을 가리지 않고 급속히 퍼져나갔습니다.

영국과 프랑스, 러시아, 미국 미시간 주의 일부 지역은 이날 임시

휴교까지 했습니다. 마야문명의 근거지인 멕시코, 그와 이웃한 아르헨티나, 과테말라, 특히 중국이 더 심했습니다. 노아의 방주가 등장하고, 방재 벙커까지 만들어졌습니다.

하지만 그날 아무 일도 일어나지 않았습니다. 그야말로 해프닝이었습니다. 그러자 미항공우주국(NASA, 나사)은 "왜 세상은 어제 멸망하지 않았는가?"라는 동영상을 올렸습니다. 나사는 "지구 종말에 대한 소문은 마야 달력을 잘못 이해한 데서 비롯됐다"고 지적했습니다. 그런데 이 발표에도 어폐(語弊)가 있습니다. 마야 달력을 잘 이해하면 그 속에 뭔가 진리가 숨겨져 있다는 뉘앙스를 풍기고 있기 때문입니다. 우리는 이런 것들에 현혹되지 말아야 합니다.

> 그 때에 사람이 너희에게 말하되 보라 그리스도가 여기 있다 혹은 저기 있다 하여도 믿지 말라. 마 24:23

하나님이 약속하신 메시아

우리가 믿는 것은 오직 성경, 하나님의 말씀뿐입니다. 이 말씀만이 진리입니다. 이 말씀에 근거하면 종말은 분명히 있습니다. 그런데 그 날과 때는 아무도 모른다고 했습니다. 오직 하나님만이 아십니다. 우리가 해야 할 일은 언제 종말을 맞을지 모르니, 하나님 앞에 설 수 있도록 깨어서 준비하는 것입니다. 그렇다면 무엇을 준비해야 할까요?

자기 두루마기를 빠는 자들은 복이 있으니 이는 그들이 생명나무에 나아가며 문들을 통하여 성에 들어갈 권세를 받으려 함이로다. 계 22:14

그렇다면 우리는 어떤 세제로 두루마기를 빨아야 할까요?

주 여호와의 말씀이니라 네가 잿물로 스스로 씻으며 네가 많은 비누를 쓸지라도 네 죄악이 내 앞에 그대로 있으리니. 렘 2:22

예수의 피밖에 없습니다(찬송가 252장). 이 피를 흘리시기 위해 하나님이 한 분을 이 땅에 보내겠다고 약속하셨습니다. 그래서 이스라엘 백성은 피 흘려 주신 메시아를 간절히 기다렸습니다. 이스라엘 백성은 어떤 약속을 붙잡고 기다렸을까요? 하나님은 메시아와 관련하여 어떤 약속을 하셨을까요?

① 메시아는 다윗의 혈통으로 태어날 것이다(사 11:1; 민 24:17-19; 창 49:10).
② 메시아는 유대 땅 베들레헴에서 탄생한다(미 5:2).
③ 그분은 처녀의 몸에서 탄생하신다(사 7:14).
④ 그분은 십자가 위에서 쓸개와 신 포도주를 받게 되신다(사 69:21).
⑤ 그분은 죽은 자들 가운데서 다시 살아나신다(시 16:10).

이 다섯 가지를 메시아의 5대 충족조건이라고 명명할 수 있습니다. 이 다섯 가지를 온전히 충족시킨 자만이 인류의 메시아가 될 수 있습니다. 그분이 흘리는 피로만 내 죄를 씻을 수 있습니다. 그러면 역사가 시작된 이래로 이 다섯 가지를 완벽하게 충족시킨 자는 과연 누구일까요? 단 한 분, 이천 년 전 저 베들레헴 말구유에서 탄생하신 나사렛 예수밖에 없습니다. 그래서 그분이 탄생하셨을 때 하늘에서 이런 음성이 들렸습니다.

> 보라 내가 온 백성에게 미칠 큰 기쁨의 좋은 소식을 너희에게 전하노라 오늘 다윗의 동네에 너희를 위하여 구주가 나셨으니 곧 그리스도 주시니라. 눅 2:10-11

허다한 천군들의 찬송 소리도 울려 퍼졌습니다.

> 지극히 높은 곳에서는 하나님께 영광이요 땅에서는 하나님이 기뻐하신 사람들 중에 평화로다 하니라. 눅 2:14

그래서 우리는 나사렛 예수 그분을 향하여 베드로처럼 "주는 그리스도시요 살아 계신 하나님의 아들이시니이다"(마 16:16), 도마처럼 "나의 주님이시요 나의 하나님이시라"(요 20:28)고 고백하는 것입니다.

삶의 현장으로 직접 찾아오신 예수님

이천여 년 전 예수님은 인간의 몸을 입고 베들레헴의 낮고 천한 말구유에서 탄생하셨습니다. 그분은 영원부터 영원까지 계시는 분이십니다. 그분은 알파와 오메가이시며, 시작도 끝도 없으신 분이십니다. 그분이 그 전에는 어떤 모습으로, 무엇을 하며 계셨을까요?

우리는 창세기 1장, 창조의 현장에서 그분을 만납니다(창 1:3). 그분은 태초부터 계셨습니다. 만물은 그로 말미암아 지음을 받았습니다(요 1:1-3). 특별히 사람을 창조하실 때 주님은 거기 계셨습니다(창 1:26). 인간이 바벨탑을 쌓을 때도 거기 계셨습니다(창 11:7). 물론 그 주님은 영으로 존재하셨습니다. 하지만 어떤 때는 가끔 인간의 눈에 보이기도 하셨습니다.

창세기 18장에 보면 아브라함 앞에 사람 셋이 나타났습니다(창 18:2). 그런데 창세기 19장에 보면 천사 둘만 소돔성으로 향하고 있습니다(창 19:1). 이 중 한 사람은 누구였을까요? 성경은 사라를 향하여 "내년 이맘때 아들이 있으리라"(창 18:10)라고 축복하는 나머지 한 사람을 '여호와'라고 소개하고 있습니다(창 18:13). 이렇게 특별한 일이 있을 때, 자기 백성이 간절히 사모할 때, 제 2위 하나님께서는 자기 백성 잎에 니디나셨습니다.

다니엘이 포로로 끌려가 바벨론에서 생활하고 있습니다. 바벨론의 힛데겔 강가입니다(창 2:14). 거기에서 다니엘이 환상 중에 한 분을 만납니다.

그 때에 내가 눈을 들어 바라본즉 한 사람이 세마포 옷을 입었고 허리에는 우바스 순금 띠를 띠었더라 또 그의 몸은 황옥 같고 그의 얼굴은 번갯빛 같고 그의 눈은 횃불 같고 그의 팔과 발은 빛난 놋과 같고 그의 말소리는 무리의 소리와 같더라. 단 10:5-6

이 "한 사람"이 매우 구체적으로 묘사되고 있습니다. 이 분이 누구일까요?(계 1:12-16) 그런데 16절에는 이런 말씀이 있습니다.

인자와 같은 이가 있어 내 입술을 만진지라 내가 곧 입을 열어 내 앞에 서 있는 자에게 말하여 이르되 내 주여 이 환상으로 말미암아 근심이 내게 더하므로 내가 힘이 없어졌나이다. 단 10:16

여기 다니엘이 만난 "인자와 같은 이"는 누구일까요? 이 자를 다니엘은 전에도 만난 적이 있습니다.

내가 또 밤 환상 중에 보니 인자 같은 이가 하늘 구름을 타고 와서 옛적부터 항상 계신 이에게 나아가 그 앞으로 인도되매 그에게 권세와 영광과 나라를 주고 모든 백성과 나라들과 다른 언어를 말하는 모든 자들이 그를 섬기게 하였으니 그의 권세는 소멸되지 아니하는 영원한 권세요 그의 나라는 멸망하지 아니할 것이니라. 단 7:13-14

여기 구름을 타고 오셔서, 권세와 영광과 나라를 주관하시며 모든 사람들로부터 섬김을 받는 '인자 같은 이'가 등장합니다. 다니엘 10장 18절에는 이런 표현이 이어지고 있습니다.

> 또 사람의 모양 같은 것 하나가 나를 만지며 나를 강건하게 하여 이르되 큰 은총을 받은 사람이여 두려워하지 말라 평안하라 강건하라 강건하라 그가 이같이 내게 말하매 내가 곧 힘이 나서 이르되 내 주께서 나를 강건하게 하셨사오니 말씀하옵소서. 단 10:18-19

"사람의 모양 같은 것 하나"라는 번역이 좀 투박스럽습니다. 다른 성경들은 "사람의 모습 같은 이", "사람의 모양을 한 이"로 번역하고 있습니다. 하지만 이 번역이 좀 더 원문에 가깝습니다. 그렇다면 여기 "사람의 모양을 한 이"는 도대체 누구일까요?

크게 세 가지 견해가 있습니다. 첫째, 천사들입니다(단 10:13, 21). 하지만 본문을 좀 더 자세히 보면 여기 등장하는 "한 사람", "인자 같은 이", "사람의 모양을 한 이"와 천사는 분명 다른 존재라는 것을 알 수 있습니다(단 10:13, 21). 오히려 천사는 이 한 사람, 인자 같은 이, 사람의 모양을 한 이를 돕는 존재로 등장합니다.

둘째, 한 사람은 성부, 인자 같은 이는 성자, 그리고 사람의 모양을 한 이는 성령으로 보는 견해도 있습니다. 하지만 이것은 삼신론에 빠질 수 있어 인정하기가 어렵습니다.

그러면 과연 이 분이 누구일까요? 우선 "한 사람", "인자 같은 이", "사람의 모양을 한 이"는 각각 다른 존재일까요, 한 존재일까요? 우선, 이 세 가지 표현은 매우 유사합니다. 뿐만 아니라 다니엘 10장 전체를 정독해 보면, 다니엘이 '한사람, 인자 같은 이, 사람의 모양을 한 이'를 만날 때 그가 경험한 것이라든지, 나타난 정황이 거의 일치합니다. 그러므로 세 가지 표현은 각각 다른 존재가 아니라 한 존재의 다른 표현이라고 볼 수 있습니다. 그렇다면 이 한 존재는 과연 누구일까요?

"그때에 내가 눈을 들어 바라본 즉"(단 10:5). 그분은 다니엘이 던져진 삶의 현장에 다니엘이 볼 수 있도록 임재하셨습니다. 또 하나, 당시 그와 함께한 사람들이 있었습니다. 하지만 그 '한 사람'을 본 자는 다니엘뿐입니다(단 10:7-8). 마치 다메섹 도상에서 부활 예수를 만났던 바울의 경험과 너무나 비슷합니다(행 9:7-9). 뿐만 아니라 다니엘은 그분의 음성까지 듣게 됩니다(단 10:9).

이 모든 것을 종합할 때 여기 다니엘 앞에 나타난 인자 같은, 이 한 사람은 오실 메시아 바로 그분이라는 데 이의가 없습니다.

절망에 빠진 다니엘을 찾아오신 메시아

다니엘 10장은 다니엘이 오실 메시아를 만나는 현장입니다. 메시아께서 다니엘에게 나타나셨습니다. 구체적으로 그때가 언제일까요? 다니엘이 어떤 처지에 놓여 있던 때일까요?

> 바사 왕 고레스 제삼년에 한 일이 벨드사살이라 이름한 다니엘에게 나타났는데 그 일이 참되니 곧 큰 전쟁에 관한 것이라 다니엘이 그 일을 분명히 알았고 그 환상을 깨달으니라. 단 10:1

고레스 왕 삼 년이면 주전 535년이나 534년이었을 것입니다. 이때 고레스 왕이 '고국 이스라엘로 돌아가도 좋다'는 칙령을 내렸습니다. 이 칙령으로 많은 유대인들이 바벨론 포로생활을 청산하고 고향 유대 땅으로 돌아갔습니다. 스룹바벨과 느헤미야를 비롯해 많은 이스라엘 백성이 고국을 재건하고, 성전을 세우겠다는 부푼 꿈을 안고 고국으로 돌아갈 때입니다. 다니엘도 돌아가고 싶었다면 얼마든지 돌아갈 수 있었을 것입니다.

그런데 왜 다니엘은 돌아가지 않았을까요? 몇 가지 추측이 가능하지만, 가장 설득력 있는 것은 다니엘이 늙고 병들어서 고국으로 돌아가지 못했을 것이라는 견해입니다. 왜냐하면 그때 다니엘의 나이가 85, 86세쯤 되었기 때문입니다.

설레는 마음으로 고국으로 돌아가는 사람들과 동행하지 못하는 자의 쓸쓸함을 어디에 비할 수 있겠습니까. 다니엘은 평생을 고국과 성전을 그리워하며 사랑한 사람입니다. 그 열정이 얼마나 대단했으면 조서에 어인이 찍힌 것을 알고서도 자기 집에 돌아와 예루살렘을 향한 창문을 열고 매일 세 번씩 기도했겠습니까(단 6:10). 그래서인지 다니엘은 당시 자신의 심정을 이렇게 표현하고 있습니다.

그 때에 나 다니엘이 세 이레 동안을 슬퍼하며 세 이레가 차기까지 좋은 떡을 먹지 아니하며 고기와 포도주를 입에 대지 아니하며 또 기름을 바르지 아니하니라. 단 10:2-3

다니엘은 슬퍼하며 식음을 전폐했습니다. 그때 다니엘을 찾아와 주신 분이 계십니다. 바로 그 한 사람, 인자 같은 이, 사람 모양을 한 그분이셨습니다.

그분이 제일 먼저 다니엘을 어루만져 주셨습니다.

한 손이 있어 나를 어루만지기로 내가 떨었더니 그가 내 무릎과 손바닥이 땅에 닿게 일으키고 인자와 같은 이가 있어 내 입술을 만진지라 내가 곧 입을 열어 내 앞에 서 있는 자에게 말하여 이르되 내 주여 이 환상으로 말미암아 근심이 내게 더하므로 내가 힘이 없어졌나이다 또 사람의 모양 같은 것 하나가 나를 만지며 나를 강건하게 하여. 단 10:10, 16, 18

그분은 다니엘을 따뜻한 손길로 만져 주십니다. 특히 그의 입술을 어루만져 주셨는데, 이것은 무슨 의미일까요?

그 때에 그 스랍 중의 하나가 부젓가락으로 제단에서 집은 바 핀 숯을 손에 가지고 내게로 날아와서 그것을 내 입술에 대며 이르되 보라 이

것이 네 입에 닿았으니 네 악이 제하여졌고 네 죄가 사하여졌느니라 하더라. 사 6:6-7

다니엘의 죄를 사해 주셨다는 뜻입니다. 그분은 위로의 하나님이셨습니다. 허물을 덮어 주시는 하나님이셨습니다. 죄를 용서해 주시는 분이셨습니다. 그리고 그분은 다니엘을 일으켜 세워주셨습니다.

내게 이르되 큰 은총을 받은 사람 다니엘아 내가 네게 이르는 말을 깨닫고 일어서라 내가 네게 보내심을 받았느니라 하더라 그가 내게 이 말을 한 후에 내가 떨며 일어서니. 단 10:11

하나님은 다니엘을 슬픈 자리, 눈물의 자리에서 일으켜 세워 주셨습니다. 다니엘은 지금 삶의 의욕을 잃고 슬픔 가운데 주저앉아 있습니다. 그런 그에게 찾아오셔서 어루만져 주시고 그를 일으켜 세워 주셨습니다. 또한 새 힘을 주셨습니다.

이르되 큰 은총을 받은 사람이여 두려워하지 말라 평안하라 강건하라 강건히라 그가 이같이 내게 말하매 내가 곧 힘이 나서 이르되 내 주께서 나를 강건하게 하셨사오니 말씀하옵소서. 단 10:19

나의 힘이신 여호와여 내가 주를 사랑하나이다. 시 18:1

이처럼 다니엘에게 나타나신 메시아 그분은 먼저 다니엘의 상처와 약함, 허물과 죄를 사해 주시고 어루만져 주셨습니다. 그리고 다니엘을 쓰러진 자리에서 일으켜 세워 주셨습니다. 또 그에게 새 힘을 주사 강건하게 하셨습니다.

삶의 현장으로 나를 만나러 오시는 예수님

구약시대에 제 2위 하나님은 필요할 때, 필요한 사람에게만 나타나셨습니다. 그분이 이제 영원히 우리와 함께하시기 위해 인간의 몸을 입고 이 땅에 탄생하셨습니다. 그래서 요한은 이렇게 증언하고 있습니다.

> 태초부터 있는 생명의 말씀에 관하여는 우리가 들은 바요 눈으로 본 바요 자세히 보고 우리의 손으로 만진 바라. 요일 1:1

메시아는 세 가지를 위해서 우리에게 오셨습니다.

첫째, 우리를 만져 주시기 위해서, 특히 우리의 입술을 만져 주시기 위해서 오셨습니다.

둘째, 그분은 쓰러진 우리를 일으켜 세워 주시기 위해서 오셨습니다.

셋째, 그분은 연약한 우리에게 힘을 주시며, 강건케 하시기 위해 오셨습니다.

지금 우리는 어떤 상태에 놓여 있습니까? 혹시 죄로 말미암아 머리로부터 발끝까지 성한 것이 하나도 없는 상처투성이는 아닙니까? 삶에 지쳐, 너무 힘들어서 울고 또 울며 쓰러져 있는 상태는 아닙니까? 이제 더는 쏟을 힘이 없어 맥이 빠진 상태로 멍하니 하루하루를 보내고 있지는 않습니까?

주 예수 주 예수 주 예수밖에 누가 있으랴 슬퍼 낙심될 때에 내 친구 되시는 구주 예수밖에 다시 없도다. 찬송가 83장

예수님을 만나십시오. 예수님을 눈으로 보고, 손으로 만지십시오. 그래서 그분을 통해 죄 사함의 은혜, 쓰러진 자리에서 일으켜 세워 주심의 은혜, 연약하고 힘없는 상태에서 힘을 얻고 강건해지는 영적 은혜를 체험하십시오.

다니엘 12:1-4, 9-13

20
끝날, 네 몫을 누릴 것이라

끝까지 말씀을 잘 간직하고, 말씀을 전하고, 말씀을 붙잡고 기다리는 자에게
주께서 그 몫을 누리는 축복을 베풀어 주실 것입니다.

저물어 가는 2012년, 사회, 문화, 예술계 인사 101명에게 2012년 하면 떠오르는 단어를 물었더니 이런 답이 돌아왔습니다.

멘붕, 환멸, 갈등, 힐링, 앙금, 불안불통(不安不通), 사회분열, 파찰음, 혼란, 혼탁, 양극화, 평행선, 롤러코스터, 레미제라블(불행한 사람들)이라는 단어들입니다. 긍정적인 단어는 '힐링' 하나뿐입니다. 하지만 이 단어도 '상처'를 전제로 한 단어입니다. 그만큼 한 해가 버겁고 날카롭고, 그래서 버티기 힘들었음을 여실히 보여 줍니다.

심지어 어떤 이는 '전쟁'이라는 단어까지 떠올렸습니다. 영화감독 강우석은 "반칙이 난무하다 보니 '나만 살아남자'는 생각에 사람들이 더 각박해지고 공격적으로 변해 버렸다"고 2012년을 정리했습니다.

2011년에는 2만 5,396명이 세상을 떠났습니다. 하루에 40여 명씩 자살을 했습니다. 실행에 옮기지는 않았지만 살면서 자살을 떠올린 사람도 많습니다. 우리는 이런 역경을 뚫고 여기까지 달려왔습니다. 여러분에게 이런 말씀을 해드리고 싶습니다. "정말 대단합니다. 잘 달려오셨습니다. 잘 견디고 살아 줘서 고맙습니다. 곁에 있어 줘서 행복했습니다."

곁에 있는 사람뿐만 아니라 정말 감사해야 할 분이 또 있습니다. 하나님이십니다. 사도 바울도 그분의 은혜에 진심어린 감사를 표했습니다.

> 그러나 내가 나 된 것은 하나님의 은혜로 된 것이니 내게 주신 그의 은혜가 헛되지 아니하여 내가 모든 사도보다 더 많이 수고하였으나 내가 한 것이 아니요 오직 나와 함께 하신 하나님의 은혜로라. 고전 15:10

종말을 향하는 예언

다니엘 11장과 12장은 나뉘어 있지만 그 내용이 긴밀히 이어지기에 어느 부분에서 나눌지 대단히 애매합니다. 차라리 다니엘 11장 45절에서 끊지 않고, 한 장으로 쭉 이어가는 것이 문맥의 흐름상 더 자연스러울 뻔했습니다. 그런데 왜 이렇게 나뉘어 있을까요? 누가 성경의 장절을 이렇게 나누었을까요?

성경은 성령의 감동으로 기록된 하나님의 말씀입니다. 하지만 성경의 장절(Chapters and Verses of Bible)은 처음부터 있던 것이 아닙니다. 한 권이 장절 구분 없이 쭉 이어졌습니다. 그러다 보니 읽기에도 불편하고 찾기도 어려웠습니다. 그러던 중 12세기경 영국의 캔터베리 대주교였던 랭튼(Langton, 1150-1228)이 본문을 좀 크게 구분하자는 취지에서 먼저 구약을 나누었습니다. 창세기는 50장, 출애굽기는 40장, 레위기 27장, 이렇게 나누었습니다. 그 후에는 신약을 장으로 구분하였습니다. 읽고 찾기가 전보다 훨씬 수월해졌습니다.

그러자 이번에는 프랑스의 궁정 인쇄 기술자인 스테파노스(Stephanus, 1503-1559)가 좀 더 세분화해서 먼저 신약성경을 절로 구분했습니다. 4년 후, 구약도 절로 나눈 후 출간하여 오늘에 이르렀습니다(1555년). 이렇게 성경의 장과 절을 사람이 나누다 보니 완벽할 수 없습니다. 특히 스테파노스는 학자도 아닙니다. 그러므로 성경의 장절을 참고는 하되, 특별한 의미를 부여할 필요는 없습니다. 사실 무리하게 억지로 나눈 부분도 눈에 띕니다. 대표적인 것이 바로 다니엘 11, 12장입니다. 이 부분은 한 장으로 묶는 것이 타당합니다. 부득이하게 나눈다면 다니엘 11장 35절까지를 11장으로, 36절부터를 12장으로 하는 것이 문맥상 더 적절합니다.

다니엘 11장 35절까지는 고대 근동의 역사에 관한 예언입니다. 저명한 종교가 캠벨(Campbell, 1788-1866)에 의하면, 다니엘 11장 1-35절에 무려 135개의 예언이 수록되어 있는데, 이 예언이 모두 그대로 성취되었습니다.

그 다음 이어지는 36절부터는 예수님의 재림, 즉 종말에 관한 예언이 이어집니다. 그렇다고 해서 앞부분의 내용은 말세와 전혀 연관이 없고 단순히 고대 근동 역사, 즉 바벨론, 페르시아, 그리스, 로마에 관한 예언만 담겨 있는 것은 아닙니다. 다니엘서 전체가 장차 될 일들, 즉 종말을 예언하고 있는데, 그중에서 특히 다니엘 11장 36절부터 말세에 이루어질 일들을 예언하고 있다는 말입니다. 그러므로 다니엘 11장 35절을 기점으로 장을 나누는 것이 더 좋았을 뻔했다는 것입니다.

사실 다니엘 11장 35절에서 36절로 넘어가는 부분도 무척 매끄럽습니다. 문법적으로 정확히 구분되지도 않습니다. 마치 한 이야기가 계속 연결되는 느낌입니다. 바로 이것이 묵시문학의 특징입니다. 고대 근동 역사를 통해서 장차 다가올 종말을 보여 주려는 의도가 담겨 있기 때문입니다.

바로 이 사실 때문에 그 연결고리 역할을 하는 단어 하나가 반복하여 나타납니다. 그것은 "마지막 때"라는 단어입니다(단 11:35, 40). "그 때에"(단 12:1,3), "마지막 때까지"(단 12:4, 9), "마지막을"(단 12:13)이라는 단어입니다. 이 단어가 인류의 마지막, 즉 종말을 시사한다는 데는 이의가 없습니다.

인류는 지금 종말을 향해 무서운 속도로 달려가고 있습니다. 이 종말은 언제부터 시작되었을까요? 세례 요한은 이렇게 외쳤습니다.

> 이미 도끼가 나무 뿌리에 놓였으니 좋은 열매를 맺지 아니하는 나무마다 찍혀 불에 던져지리라. 마 3:10

예수 그리스도의 초림 때부터 종말은 이미 시작됐습니다. 그 후 예수님이 다시 오실 때까지 세상에는 계속 새 정권과 권세가 흥망성쇠(興亡盛衰)를 거듭할 것입니다. 간혹 그리스도를 핍박하는 정권도 들어설 것입니다. 그러나 그들은 결코 영원한 권세가 아닙니다. 해 아래 영원한 것은 없습니다. 아무리 권세가 있어 보여도 세상의 정권은 끝을 맞게 되어 있습니다. 이같이 세상 권세의 흥성패망(興盛敗亡)이 여러 번 반복된 후 영원한 그리스도의 왕국이 임하게 될 것입니다.

적그리스도의 출현

그렇다면 인류의 종말, 즉 재림 직전에 일어날 가장 큰 사건은 무엇일까요? 다니엘 11장 36-45절을 주목하십시오.

> 그가 또 영화로운 땅에 들어갈 것이요 많은 나라를 패망하게 할 것이나 오직 에돔과 모압과 암몬 자손의 지도자들은 그의 손에서 벗어나리라. 단 11:41

여기에 나오는 "그"는 적그리스도를 가리킵니다. 마지막 때 적그리스도가 팔레스타인 땅에 들어오게 됩니다(41절). 적그리스도는 큰 전쟁을 일으킵니다. 여러 학자에 의하면 이것은 인류 최후의 전쟁입니다. 이 전쟁을 에스겔 38-39장에 나타나는 곡과 마곡의 전쟁, 혹은 요한계시록 16장 16절에 등장하는 아마겟돈 전쟁으로 이해하기도 합니다. 그때에 팔레스타인 땅 주변에 위치한 에돔, 모압, 암몬, 즉 현재의 요르단은 적그리스도의 협조국이 될 것입니다. 이 전쟁은 어떻게 막을 내릴까요?

> 그가 장막 궁전을 바다와 영화롭고 거룩한 산 사이에 세울 것이나 그의 종말이 이르리니 도와 줄 자가 없으리라. 단 11:45

적그리스도는 자신의 장막을 바다(지중해)와 영화롭고 거룩한 산(시온산/예루살렘) 사이에 세웁니다. 한동안은 득세합니다. 하지만 적그리스도는 팔레스타인 땅, 이곳에서 최후를 맞이하여 죽습니다(단 11:45). 이 적그리스도의 죽음이 세상 끝입니다. 이것이 인류의 종말, 재림 직전에 일어날 가장 큰 사건입니다. 그러므로 우리는 중동 팔레스타인 땅을 눈여겨보아야 합니다. 그렇다면 이어지는 12장은 무엇일까요?

> 그 때에 네 민족을 호위하는 큰 군주 미가엘이 일어날 것이요 또 환난이 있으리니 이는 개국 이래로 그 때까지 없던 환난일 것이며 그 때에 네 백성 중 책에 기록된 모든 자가 구원을 받을 것이라 땅의 티끌 가

운데에서 자는 자 중에서 많은 사람이 깨어나 영생을 받는 자도 있겠고 수치를 당하여서 영원히 부끄러움을 당할 자도 있을 것이며 지혜 있는 자는 궁창의 빛과 같이 빛날 것이요 많은 사람을 옳은 데로 돌아오게 한 자는 별과 같이 영원토록 빛나리라. 단 12:1-3

바로 이 부분이 다니엘서가 보여 주려는 신학적 절정(theological climax)입니다. 구약성경에서 이 부분만큼 확실하게 육체적인 부활을 선포하는 데도 없습니다. 우선 영생이라는 단어가 여기에 처음 등장합니다. 또한 1절에서 '그때'라는 단어를 세 차례나 사용하면서 이 일이 인류종말의 때, 주님이 재림하시는 바로 그때 일어날 일임을 강조하고 있습니다.

그때, 주님이 오실 그때, 죽은 자들이 모두 부활할 것입니다. 그 중 어떤 자들은 영생을 얻게 됩니다. 또 어떤 자들은 영원한 수치를 받게 됩니다. 주의 날, 심판의 날, 최후의 그날, 악은 망하고 의는 승리할 것입니다. 하나님을 바라보고 갈망했던 자들, 그 하나님을 사모했던 자들, 심지어 적그리스도에게 죽임을 당한 자들까지 모두 잃었던 새 생명, 영원한 생명을 돌려받게 될 것입니다(계 19-22장).

종말을 준비하는 지혜로운 자의 자세

그렇다면 우리는 어떻게 해야 할까요? 종말을 준비하는 지혜로운 태도는 과연 어떤 것일까요? 다니엘 12장에서 다니엘은 세 가지 강한 권면, 아니 명령을 받습니다.

첫째, 다니엘 12장 4절을 보십시오.

> 다니엘아 마지막 때까지 이 말을 간수하고 이 글을 봉함하라 많은 사람이 빨리 왕래하며 지식이 더하리라. 단 12:4

봉함한다는 것은 지금까지의 예언의 말씀을 비밀로 간수하라는 것이 아니라 순전하게 보존하라는 뜻입니다. 조그마한 오류나 부패가 말씀에 섞이지 않도록 철저하고 확실하게 보관하라는 뜻입니다. 억지로 풀지 말라는 뜻입니다. 그 예가 다니엘 12장 11절 이하에 나타납니다. 다니엘 12장 11절에 보면 천사는 두 개의 날짜를 줍니다.

> 매일 드리는 제사를 폐하며 멸망하게 할 가증한 것을 세울 때부터 천 이백구십 일을 지낼 것이요 기다려서 천삼백삼십오 일까지 이르는 그 사람은 복이 있으리라. 단 12:11-12

1,290일, 1,335일, 앞서서 천사는 2,300일, 1,150일을 이야기한 적이 있습니다(단 8:14). 또한 한 때, 두 때, 반 때를 이야기한 적도 있습니다(단 7:25, 12:7). 모두 각기 다른 숫자들입니다. 이 숫자들이 의미하는 바가 무엇일까요? 많은 사람들이 이 숫자들을 그럴듯하게 해

석합니다. 그러면 사람들이 그곳으로 모여듭니다. 귀를 쫑긋하고 고개를 끄떡입니다. 많은 사람들이 이같이 말세에 대한 지식을 얻으려고 이곳저곳을 바삐 왔다 갔다 하고 있습니다.

이런 숫자들을 주신 것은 굉장히 의도적이라 생각합니다. 우리는 말씀을 통해 미래에 대한 기본적인 윤곽을 잡을 수 있습니다. 하지만 지나치게 자기주장을 고집하거나 구체적이어서는 안 됩니다. 분명히 무엇이 보이기는 합니다. 그러나 너무 구체적인 그림을 그리려고 하면 문제가 되고 억지스럽습니다. 나아가 이단(異端)이 됩니다. 베드로 사도가 무엇이라고 했습니까?

> 또 그 모든 편지에도 이런 일에 관하여 말하였으되 그 중에 알기 어려운 것이 더러 있으니 무식한 자들과 굳세지 못한 자들이 다른 성경과 같이 그것도 억지로 풀다가 스스로 멸망에 이르느니라. 벧후 3:16

그런데 우리 주변에는 어떤 일들이 일어나고 있습니까? 최근에 '창기십자가'라는 교리까지 등장하고, 어디가 성지(聖地)니, 언제 주님이 재림하시느니 하는 말들로 사람들을 현혹하고 있습니다. 궁금해하는 사람들의 심리를 묘하게 이용하고 있습니다. 그러나 우리는 그들이 바라는 것처럼 구체적으로 알 필요도 없을 뿐 아니라 알 수도 없습니다.

다니엘은 환상을 보고 거침없이 해석했던 당사자입니다. 하지만 종말에 대한 환상은 온전히 이해하지 못했습니다(단 12:8). 아니 이해할 수 없었습니다. 이 숫자 속에 감춰진 비밀, 즉 미래에 될 일은 하나님만이 아십니다. 우리는 다만 말씀을 그대로 보존해야 할 사명이 있습니다.

> 내 누이, 내 신부는 잠근 동산이요 덮은 우물이요 봉한 샘이로구나. 아 4:12

> 그 때에 어떤 사람이 너희에게 말하되 보라 그리스도가 여기 있다 보라 저기 있다 하여도 믿지 말라. 막 13:21

둘째, 다니엘 12장 9절을 보십시오.

> 그가 이르되 다니엘아 갈지어다 이 말은 마지막 때까지 간수하고 봉함할 것임이니라. 단 12:9

말씀을 그대로 보존하고 간직한 후, 무엇을 해야 할까요? 종말, 부활, 영생의 말씀을 가슴에 그대로 품고만 있어야 할까요? 아닙니다. 주께서 우리더러 기리고 하십니다.

많은 사람이 연단을 받아 스스로 정결하게 하며 희게 할 것이나 악한 사람은 악을 행하리니 악한 자는 아무것도 깨닫지 못하되 오직 지혜

있는 자는 깨달으리라. 단 12:10

여기 10절과 3절은 긴밀하게 연결되어 있습니다. 다니엘 12장 10절의 "많은 사람", "지혜 있는 자"가 다니엘 12장 3절의 "지혜 있는 자", "많은 사람"을 받습니다.

지혜 있는 자는 궁창의 빛과 같이 빛날 것이요 많은 사람을 옳은 데로 돌아오게 한 자는 별과 같이 영원토록 빛나리라. 단 12:3

내가 받은 그 순수한 복음을 들고 '많은 사람'들을 향하여 가는 지혜자가 되라는 것입니다. 그들에게 이 말씀을 전하여 하나님께로 돌아오게 하는 일에 전력을 다하라는 권면입니다. 정말 이 세상의 종말, 주님 오심, 부활, 심판, 영생을 믿는다면, 그 자리에 앉아 있을 수 없습니다. 나만 구원을 받으면 된다는 생각을 버려야 합니다. 그것이야말로 부끄러운 구원입니다.

하늘나라에서 별처럼 영원토록 빛날 사람은 많은 사람을 옳은 데로 인도한 자입니다. 그래서 바울은 말합니다.

우리의 소망이나 기쁨이나 자랑의 면류관이 무엇이냐 그가 강림하실 때 우리 주 예수 앞에 너희가 아니냐 너희는 우리의 영광이요 기쁨이니라. 살전 2:19-20

20 끝날, 네 몫을 누릴 것이라

그런데 오늘 우리는 어떤 환경에 던져져 있습니까? 그래서 어떻게 처신하고 있습니까?

> 누구든지 이 음란하고 죄 많은 세대에서 나와 내 말을 부끄러워하면 인자도 아버지의 영광으로 거룩한 천사들과 함께 올 때에 그 사람을 부끄러워하리라. 막 8:38

기다리고 기다리라
마지막 명령은 다니엘 12장 12-13절에 있습니다.

> 기다려서 천삼백삼십오 일까지 이르는 그 사람은 복이 있으리라 너는 가서 마지막을 기다리라 이는 네가 평안히 쉬다가 끝 날에는 네 몫을 누릴 것임이라. 단 12:12-13

이 말씀은 이렇게도 이야기할 수 있습니다. "기다리고, 기다리라. 다니엘아, 너는 끝까지 기다리라. 비록 네가 기다리다 죽을 지라도 결국은 내가 일어나서 네게 돌아올 보상을 받으리라."

기다리고, 기다리십시오. 지금 눈에 보이는 것, 손에 잡히는 것이 없을 지라도, 기다리십시오. 말씀을 봉하고, 그 말씀을 전하며 기다리십시오. 하나님의 신실하심을 기대하며 기다리십시오. 이것이 다니엘이 받은 마지막 명령입니다.

> 기다리는 자들에게나 구하는 영혼들에게 여호와는 선하시도다. 애 3:25

> 진실로 악을 행하는 자들은 끊어질 것이나 여호와를 소망하는 자들은 땅을 차지하리로다 의인이 땅을 차지함이여 거기서 영원히 살리로다 여호와를 바라고 그의 도를 지키라 그리하면 네가 땅을 차지하게 하실 것이라 악인이 끊어질 때에 네가 똑똑히 보리로다. 시 37:9, 29, 34

> 내가 여호와를 기다리고 기다렸더니 귀를 기울이사 나의 부르짖음을 들으셨도다. 시 40:1

이제 다니엘서를 덮으려 합니다. 다니엘서의 핵심 메시지는 눈에 보이지 않는 것을 보라는 것입니다. 세상은 눈에 보이는 것을 봐야 한다고 말합니다. '왕인가, 주인가? 벨드사살인가, 다니엘인가? 육식인가, 채식인가?' 선택 앞에 다니엘이 섰습니다. 그때 다니엘은 무엇을 선택했습니까? 다니엘이 주님, 다니엘, 채식을 선택했다는 것은 보이지 않는 것을 선택했다는 뜻입니다. 다니엘은 보이지 않는 것을 바라보며, 보이지 않는 것을 의지하며, 달려왔습니다.

오늘 우리의 눈에는 보이지 않는 것보다 보이는 것이 훨씬 더 많습니다. 하지만 영적인 눈으로 세상을 바라보면, 보이지 않는 것이 훨씬 더 많고, 더 큰 영향력을 발휘합니다. 오늘은 내 눈에 보이지만, 내일은 내 눈에 보이지 않습니다. 오늘 내 현실이 비록 아프고 힘들다 할지라도 내일을 생각하며, 보이지 않는 미래를 내다보며, 더 나아가 죽음 후 부활을 바라보면서 살아가는 자에게 하나님께서 은혜를 베풀어 주십니다.

내 눈에 비춰지는 현실이 결코 전부가 아닙니다. 그것은 극히 작은 일부분, 찰나에 불과합니다. 그렇기에 우리는 잠시의 아픔과 고통, 괴로움, 비방, 오해, 손가락질 앞에서 좌절할 필요가 없습니다. 하나님께서 모든 일을 그분의 계획대로 진행해 나가십니다. 내 눈앞에 거대한 바벨론과 페르시아, 헬라, 로마 제국이 나를 짓누른다 할지라도 그 위에 하나님이 계십니다. 하나님이 주관하십니다.

어둠의 세력이 무섭게 우리를 위협합니다. 그 정점에 적그리스도가 있습니다. 이 적그리스도는 교회를 쉴 새 없이 흔듭니다.

> 여자의 뒤에서 뱀이 그 입으로 물을 강 같이 토하여 여자를 물에 떠내려 가게 하려 하되 용이 여자에게 분노하여 돌아가서 그 여자의 남은 자손 곧 하나님의 계명을 지키며 예수의 증거를 가진 자들과 더불어 싸우려고 바다 모래 위에 서 있더라. 계 12:15, 17

이 적그리스도의 앞잡이 노릇을 하는 에돔, 모압, 암몬이 있습니다. 멀리 있는 것이 아니고, 바로 가까이에 있습니다(단 11:41). 그러나 최후의 승리자는 주님이십니다. 십자가로 승리하신 주님이 최후의 심판의 날에도 승리하실 것입니다. 우리에게 승리의 면류관을 씌워 주실 것입니다.

> 그러므로 사랑하는 자들아 너희가 이것을 바라보나니 주 앞에서 점도 없고 흠도 없이 평강 가운데서 나타나기를 힘쓰라. 벧후 3:14

> 그러므로 내 사랑하는 형제들아 견실하며 흔들리지 말고 항상 주의 일에 더욱 힘쓰는 자들이 되라 이는 너희 수고가 주 안에서 헛되지 않은 줄 앎이라. 고전 15:58

마지막 날, 네 몫을 누리라

어떤 경우에라도 소망을 잃지 마십시오. 역사의 주인이신 하나님을 의식하면서 사십시오. 하나님의 말씀을 마음에 새기며, 믿음의 경주를 질주하십시오. 마지막에 다니엘을 통하여 주시는 권면은 말세를 살아가는 바로 우리에게 주시는 것입니다.

첫째, 말씀을 잘 봉하라.
둘째, 말씀을 잘 전하라.
셋째, 말씀을 붙잡고 기다리라.
이 권면을 받아들이는 자에게 주시는 약속이 있습니다. 그것은 바로 "끝날, 네 몫을 누릴 것이라"는 약속입니다. 하나님은 신실하십니다. 결코 만홀히 여김을 받지 아니하십니다. 무엇으로 심든지 그대로 거두게 하시는 분이십니다(갈 6:6). 지금 하나님이 저울로 모든 사람을 재고 계십니다. "메네 메네 데겔 우바르신" 하십니다. 그래서 끝까지 말씀을 잘 간직하고, 말씀을 전하고, 말씀을 붙잡고 기다리는 자에게 그 몫을 누리는 축복을 베풀어 주실 것입니다. 이 믿음과 확신으로 승리하는 삶은 우리 것입니다.

기억해야 할 한 문장

16. 빼앗긴 꿈, 회복되리라

우리는 주님의 손 안에 있습니다. 비록 꿈이 산산조각 나 있을지라도 그 꿈을 멋있게 회복시켜 주실 것입니다.

성령을 보내신 이유가 무엇일까요? 깨어진 꿈을 회복하기 위해서입니다. 깨어진 꿈 때문에 힘들어하고 낙심하는 자들에게 꿈을 심어 주기 위해 성령께서 오셨습니다.

17. 나, 다니엘이다

우리는 다니엘입니다. 이 땅에서 다니엘로 살도록 지음을 받은 자들입니다.

하나님의 자녀인 우리는 어떻게 살아야 할까요? 언제 어디서나 자신의 정체성을 분명히 하고, 하나님을 드러내는 삶을 살아야 합니다. 좀 더 당당하고 기백 있게 고개를 들고, 주눅 들지 말고 살아야 합니다. 적에게 등을 보이지 말아야 합니다.

18. 삶이 답답할 때

다니엘은 답답할 때 말씀을 찾았고, 그 말씀에서 답을 찾고, 길을 찾았습니다. 하나님의 말씀 가까이 나아가면 내가 무엇을 해야 할지 하나님께서 답을 주십니다.

말씀을 가까이 하는 것, 기도를 하기 위해 골방을 찾는 것, 그것이 곧 하나님을 가까이하는 것입니다.

19. 다니엘, 메시아를 만나다

다니엘에게 나타나신 메시아 그분은 먼저 다니엘의 상처와 약함, 허물과 죄를 사해 주시고 어루만져 주셨습니다. 그리고 다니엘을 쓰러진 자리에서 일으켜 세워 주셨습니다. 또 그에게 새 힘을 주사 강건하게 하셨습니다.

예수님을 만나십시오. 예수님을 눈으로 보고, 손으로 만지십시오. 그래서 그분을 통해 죄 사함의 은혜, 쓰러진 자리에서 일으켜 세워 주심의 은혜, 연약하고 힘없는 상태에서 힘을 얻고 강건해지는 영적 은혜를 체험하십시오.

20. 끝날, 네 몫을 누릴 것이라

끝까지 말씀을 잘 간직하고, 말씀을 전하고, 말씀을 붙잡고 기다리는 자에게 주께서 그 몫을 누리는 축복을 베풀어 주실 것입니다.

내 눈에 비춰지는 현실이 결코 전부가 아닙니다. 그것은 극히 작은 일부분, 찰나에 불과합니다. 그렇기에 우리는 잠시의 아픔과 고통, 괴로움, 비방, 오해, 손가락질 앞에서 좌절할 필요가 없습니다.